政治主導と友愛の国

高木 太
Takagi Futoshi

元就出版社

はじめに

先の衆議院議員選挙で、長期にわたり政権を担い、経済の高度成長を担い、不動とも思えた自由民主党は政権の座を民主党に明け渡すこととなった。戦後の復興を成し遂げ、所得倍増を達成した意義は大きいものがあった。しかるに、経済の成長は足踏み状態となり、世界的な厳しい経済社会を迎えている。

そこに、生活第一を掲げ、雇用の安定を中心に、将来を担う子供への手当、社会福祉の充実を目指す連立政権が誕生した。事業仕分けにより行政の透明化、予算案の歳入歳出が、無駄のないように進められた。むろん、一つの内閣ですべてが、短日で達成されることは至難のわざであろう。着実な内閣と国会の努力に期待したい。

内閣と国会と司法が、相互に尊重、敬愛を基礎に置き、国民の信託に答えられるよう推進されることを願ってやまない。夫婦別姓等の民法改正案や死刑制度廃止等の議論も深まることを期待したい。

さて、本稿の終わりごろ、南米チリ、サンホセ鉱山の落盤事故（平成二二年八月五日）

がある。地下六二四メートルの地底に鉱山作業員三三名が閉じ込められたというのである。資源開発の経済最前線である。

その後、チリ政府は生き埋め状態の三三名を探すためにボーリング調査を行ない、全員生存を確認したのである。救助に向けて三本の竪穴が掘削《くっさく》され、うち一本が予想外に早く貫通して、一二月と言われていたが、二〇一〇年一〇月一三日から引き上げ作業が始まり翌日午前九時五六分（日本時間）、三三名全員が地上に助け出された。六九日間に及ぶ地底から奇跡の生還を遂げたのである。チリのピニェラ大統領も出迎え、国家の威信をかけたものであった。在日チリ大使館のトーレス大使も喜びに満ちていた。

この、救出劇は世界の報道機関を通して、地球市民に知らされた。

日本とは反対側に位置するチリの一三日午前零時（日本時間一三日正午）ごろに救助カプセルがウインチの操作で直径七〇センチの竪穴から地底に向かったのである。当初、片道約二〇分、一時間に一人の割合で慎重に救助された。フェニックス（不死鳥）命名のカプセル（全長四メートル、重さ二五〇キログラム）で直径五二センチ程度、高さ二メートル程度に人間を一人一人乗せて救出したのである。

この事故と救出の成功は、世界の人々に大きな教訓を残したものとなった。それは、困難な現代に生きる我々に対するメッセージともなった。

一つには、経済の発展には、やはり負の側面があり、これの克服と日頃の備えが大切であるということである。一般には人災、公害といわれる。職場の安全とともに、他人に与える影響も含めた危機管理の重要性である。

二つには、人間の幸福とは何であるかということである。鳩山総理は友愛（相互尊重、相互理解、相互扶助）を、後任の菅総理は最小不幸社会を掲げ内閣の運営の指針とした。共に国民の幸福を願ったものである。人間はしばしば感謝とか、ありがたいとかいう言葉、その実感を忘れがちであるが、この生還は何物にも代えがたいものがあろう。

絶望が駆け巡ったであろう地底の中でも、最後まで諦めず希望をもった人間の素晴らしさである。地上に待つ家族も神に祈ったというのである。双方の祈りがついに聞かれたというほかない。救出された人も、待っていた人も大きな幸福に包まれたことだろう。ここに学ぶべき幸福の原点がある。絶望からの離脱、光を見ることができたという奇跡に人は感謝したに違いない。

私たちは普段もっともっと、という願いの中で、つい不満の念を起こしがちであるが、恐るべき苦難からの解放、絶望的な病気からの奇跡的な治癒等を体験した人は、日頃のなにげない平凡の日々に戻られたことに深く感激するに違いない。この原点に遭遇した人は、新たな生き方を神に教えられたと感謝の涙を流すだろう。

三つには、国民同士はむろん、国同士も相互に信頼し助け合って生きることとの大切さである。人々の不幸が最大限少ないようにと政治が努力すること、国同士が友愛の中に包まれること、これらは、秋や春の光のように、気づかれることもないような静かな存在ではあるが、実はこれらのことが、やがて大きな光となり焦点を結び、世界の人々に感動を与え、その感動は具体化され人類の希望の星となっていくのである。

四つには文化の発展・科学技術の進歩である。今回の掘削機は世界の高い技術水準があったればこその成果である。また、それを可能にするだけの国の努力、日頃の交流の深さがあったからに違いない。約七〇〇メートルの深さの掘削が可能になっているのである。

救助に向かった隊員も含め無事全員の生還を可能ならしめたのは、ウインチ機械の動力であり、操作技術の高さであり、古典力学の基本ともいうべき回転する円と重力等で上下する強靭な直線の作用である。昔、日本の家庭に井戸があり、つるべで水をくみ上げた時代の滑車の原理でもあった。NASAの専門家の協力を惜しまなかった米国のオバマ大統領も喜びに包まれた。中国など世界各国の協力があった。

驚異的な掘削技術の進歩にも驚く。トンネルを掘るのも、昔はつるはしであり、その労力は大変なものであった。削岩機やダイナマイトの出現、そして現代的な自動掘削機と格段の技術の向上のたまものといえる。これらの応用技術が人の乗り降りできる空間を創造したといえよう。なお、ノーベル賞は、ダイナマイトを発明したアルフレッド・ノーベル（化学者、実業家）の、人を殺傷するためではなく、人類の平和のために、ダイナマイトを活用してほしいとの願いを込めて設けられたといわれる。

ところで、日本は、かつて太平洋戦争で多くの国と無謀にも干戈《かんか》を交えてしまった。もしこれらから学ぶべき点があるとすれば、それはあらゆる国との外交の相互尊重と重要性である。国内的には、困苦欠乏に耐え抜いたという気力があった。敗戦という絶望の中からも日本は不死鳥のごとくに蘇《よみがえ》った。

戦後世代の鳩山総理大臣が友愛を掲げ、新しい国の形を描いていたことは、再び人々に暖かく見直される日が来るものと信じる。

政治主導と友愛の国——目次

一――法の歴史〔世界の三大法典と一七条の憲法〕

1　世界の三大法典

（1）ハムラビ法典（タリオ）

ハムラビ法典は、紀元前一七世紀の成文法で高さ二・二五メートルの閃緑岩柱（斜長石、角閃石を主とする中性の火成岩）に楔形文字《せっけいもんじ》で記されている。前文と後文は、正義の法、弱者の保護の精神からなり、条文は慣習法を成文化したものといわれ、二八二条からなる。刑法、訴訟法、民法（家族法が主）からなる。

バビロン第一王朝第六代王（前一七二四〜一六八二）のハムラビが集大成させた。「目には目を、歯には歯を」の同害復讐法の原則に立ち、よく知られている。奴隷殺傷では、銀で弁済するなど、奴隷制度の存在が読み取れる。

遠い昔、野蛮と思われた時代にも、力のみでは、世の中は治まらず、やはり、法の助けが不可避だったことが窺《うかが》える。平時は法が治め、緊急時は実力（警察軍）が治めたといえよう。

この石碑はフランスの探検隊により一九〇一年、ペルシアの旧都スーサで発見されている。約四〇〇〇年近くも昔に、日本の銅鐸のような岩板に、王の姿や成文法が石碑として残されていることは驚きである。

(2) ローマ法大全(ユスティニアヌス法典)

三九五年、ローマ帝国が東西に分裂すると、東ローマ帝国(首都:コンスタンチノープル。後世、ビザンティン帝国と呼ぶ)として、地中海海域統一後、東ローマ皇帝ユスティニアヌス一世(ローマ帝国の旧領をほぼ回復)は、高度な中央集権的官僚体制を確立した。

五三三年、増税に対する不満・ニカの大乱が起き、反乱軍が宮殿に迫るとユスティニアヌス皇帝は逃亡を決意した。その時、踊り子出の明るい皇妃テオドラが「帝衣(位)は最高の死装束」と、これを諌《いさ》めたことで、皇帝は踏みとどまり、軍隊に反乱軍を鎮圧させたといわれる。

皇妃テオドラは、孤児院や病院に寄付等を行ない、また、女性の権利を認めた。ユスティニアヌス皇帝は、トリボニアヌスにローマ法大全を編纂《へんさん》させた。ユスティニアヌス法典ともいわれる。聖ソフィア聖堂も建立した。

ユスティニアヌス法典(ローマ法大全)は、歴代皇帝の法令をまとめた勅法集、法学者の注釈、学説を整理した学説集、教科書としての法学提要、ユスティニアヌス皇帝自らが出した新法令からなる。法による支配も確立したのであった。

五六五年のユスティニアヌス大帝の死後、東ローマ帝国は古代ギリシア文化を継承しつつ、ローマ帝国分裂以来、一〇〇〇年もの間、紆余曲折を経ながらも、栄えた一〇〇〇年王国であった。

ビザンティン帝国、一四五三年の終わりまで、この法が存続した。ユスティニアヌス法典は、一一世紀以来、ボローニャ大学（イタリアにあるヨーロッパ最古の大学）で、ローマ法の注釈が行なわれて、ローマ法は発達し、各国の近代法の基礎となった。万民法の原理となった。当然、日本の法も影響を受けている。

キリスト教化されたギリシア人のローマ帝国とも呼ばれた。

(3) ナポレオン法典（フランス民法典）

一七八九年、フランス革命により封建制が廃止され、フランス人権宣言がなされた。フランス人権宣言は、人間の生まれながらの自由・平等を謳い、主権の根源は本質的に国民に存すると定め、所有権は神聖不可侵な権利と宣言した。

一七九九年のナポレオンの統領政府から一八一五年の退位までは、フランス革命収拾期であり、近代市民社会揺籃期であった。ナポレオンは基本的には市民層の立場に立脚していたといわれる。

ナポレオン法典が執政政府時代の一八〇四年公布された。近代市民社会の法原理となった。個人主義と自由主義を基本思想とし、法の前の平等、所有権の不可侵等を定めた。この法典は日本の一八九〇年公布（施行はされず）の、旧民法編纂に大きな影響を与えた。

全文二二八一条からなる本格的な民法典であった。

ナポレオンは、資本主義の育成を図り、軍部独裁によるフランス資本主義社会の安定を目指した。一八一二年、フランス経済が恐慌状態に陥る中、ロシア遠征に向かったが、極寒の冬将軍に閉じ込められ、食糧もえられず敗退等の後、百日天下を最後に、はるかなるセント・ヘレナ島に孤独の身を横たえた。

ナポレオンは軍人としての勇姿で知られるが、前述のごとく、諸国の民法典の範を垂れ、エジプトに学者を同行、ロゼッタ石を発見、考古学者シャンポリオンに古代エジプト文字を解読させるなど、文治面でも優れていた。ナポレオンの三角形でも知られる。

(4) 憲法一七条(聖徳太子)

聖徳太子ほかにより国家組織が促進され、六〇三年に個人に冠位を与える冠位十二階の制度を作り、対外的にも身分を明らかにした外交が可能となった。国内の中央と地方の整備を整えた時期でもあった。

翌年、日本独自の成文法として、六〇四年(推古天皇一二年)に聖徳太子が起草・制定したとされる「憲法一七条」があった。六世紀にまとめられた前述のローマ法大全とほぼ同時代に近いものである。

仏教や儒教の影響下、当時の官吏の政治、道徳的な訓戒を主としたものであり、守らねば罰するという条文はなかった。罪刑法定主義はとられていない。当時の官僚の努力義務・自律を促している。

その第一条では、和を尊び、第二条で佛・法・僧(当時の法規範)を敬い、第三条で君(天皇)に服し、第五条では、訴訟を賄賂でゆがめるなと定める。第一〇条では、相互の意見を尊重すべき重要性を述べ、第一一条では、役人への賞罰(評価)は公正にすべきと、

第一二条では適正な徴税を促し、第一六条では農桑の季節は国民に配慮するよう定める。終わりの一七条には、重要な事柄は、独断せず、皆々と議論が大切と明文化した。

国と組織・官僚のあるべき形が、すでに展開されていた。

六〇七年には、小野妹子（男性。後、大徳冠）を初の遣隋使として遣わしたが、その携えた国書に「太陽が昇る国である日本の天子が、太陽が没する国である隋の天子に外交使節を赴かせた。お元気ですか、云々」（筆者意訳）とあり、日本の天皇が当時の大国である中国皇帝と対等な外交方針に転換したことが窺《うかが》える。

これに対し、隋の煬帝《ようだい》は不快感を示したとある。しかしながら、さすがに、大国の皇帝である。

小野妹子の帰国の際には、隋の皇帝煬帝は、裴世清（外交使）を派遣、日本側は手厚くこれを迎え、裴世清が隋に戻るときは、小野妹子が隋まで送り、この一行に、日本側は、八人の留学生等を同行させた。（「隋書」倭国伝）

2　近代法の夜明けと明治憲法

(1)　咸臨丸と日米修好通商条約

日本の文化・科学技術は実に外国に負うところが大きい。江戸時代末期までの鎖国文化は、中国文化の影響を深く宿していた。

が、一八五三年、米国、東インド艦隊司令長官、ペリー提督率いる四隻の蒸気軍艦等は、幕府に開国を促した。幕府は大いに驚き、天皇の勅許を得られないまま日米修好通商条約

（不平等条約）を調印した。

この条約の批准書交換の遣米使節一行が米艦で渡米の際に、いわゆる幕府軍艦、「咸臨丸」が随行した。一八六〇年のことであった。咸臨丸は全長四九メートル、三本マストの木造蒸気船であった。幅七メートル、大砲一二門、スクリューを持った一〇〇馬力の補助エンジン付きであった。

もっとも、その咸臨丸の名前は中国の易経から引かれ、建造は、オランダの造船所に発注されたものであった。艦長の勝海舟ほか九〇有余名の乗組員が、初の日本人操船技術で太平洋横断に成功した。

この中には、後に「慶応義塾」を創立した福沢諭吉もいた。一八六八年（明治元年）の曙が遠く射し染めてきていた。

（2）法・憲法の制定と歌の調べ

(1) 律令制度とボアソナード

唐（中国大陸）の律令制度を模範とした大宝律令の制定が七〇一年のことである。この律令制度は、変遷を経ながらも、武家政権でも生き延びた。二官八省の制度である。太政官・神祇官を中心に宮内省・大蔵省等の八省を定めていた。

江戸時代までは、中国の律令、儒教の影響が強く、鎖国体制が敷かれていた。律は現在の刑法典に令は行政法・民法他の諸法典に相当するものであった。日本の国情に合うように直していった。

明治三年（一八七〇年）になり、明や清国の律をもとに、刑法「新律綱領」が公布・施行された。三年後に、この法の不備を修正したのが改定律例で、江藤新平を中心にして制定された。

律令制度は、形式上は太政官が廃止された明治一八年（一八八五年）の内閣制度創設・内閣法制局設置までの長きにわたり、日本・朝廷の法典として存続した。

幕末、米国海軍のペリー提督の、開国要求、西欧列強（英、仏、独、イタリア、ロシア、オーストリア）の風強く、日本はここで、国の形をどうするかという具体的な法の支配のあり方に迫られた。先の不平等条約（領事裁判権承認、関税自主権の欠如）で遅れをとった日本は、ここに、ローマ法に由来する西欧法を継受していった。

明治三年（一八七〇年）になると、司法卿、江藤新平は、箕作麟祥《みつくりりんしょう》（後、行政裁判所長官、法政大学初代校長）にフランス民法典の翻訳を命じた。箕作麟祥は、翻訳にあたり、法律用語の作成に非常な苦労をした。権利とか義務とかの訳語を作りながらである。憲法制定に先立つ、明治六年にフランスのボアソナード（元パリ大学法学部教授）が招聘《しょうへい》されて後は、彼のもとで、法典編纂に尽力した。

明治一三年（一八八〇年）には、ボアソナード起草により、フランス法体系を基礎とした、刑法（大逆罪・不敬罪も規定）や治罪法｛刑事訴訟法（拷問の禁止・証拠法も規定）｝が公布され、その二年後には施行されている。なお、このうち治罪法は明治二三年（一八九〇年）に改定されて、刑事訴訟法として施行された。

この明治二三年には、次に述べる大日本帝国憲法や皇室典範が施行されている。

(2)「さくら　さくら」と大日本帝国憲法の公布

大日本帝国憲法はドイツ人顧問のロエスエル、モッセの助言を得て、井上毅（中心的役割。熊本出身）、伊東巳代治（長崎出身）、金子堅太郎（福岡出身）の三トリオが起草したものであった。

大隈重信（後、総理、早稲田大学の創立者）の主張したイギリス流の議院内閣制に基づく帝国憲法案は、明治一四年の政変とともに退けられた。

明治一五年、ドイツ、オーストリアの視察をした伊藤博文の主導により、君主制の強いドイツ（プロシア）流の、天皇を頂点とする中央集権型の帝国憲法が採用されたのである。民法もこれに合わせて、戸主制（家父長制）を定めるドイツ流の民法に修正されて、施行された。個人の意見が強すぎると国はまとまらず、統制が難しくなると考えられたものであった。植民地政策をとる欧米に対抗するため、富国強兵を目指したのである。

明治二一年、東京音楽学校（現、東京芸大）の箏曲集に、今も世に流れる「さくら　さくら」の歌が登場した。日本を形作る名曲となった。

翌一八八九年（明治二二年二月一一日発布）、大日本帝国憲法が公布された。さらに、翌年の一八九〇年（明治二三年）一一月二九日、日本を形作る法の柱、大日本帝国憲法が施行されたのである。東洋初の西欧型の憲法典が誕生したのであった。

同年、上記の刑事訴訟法、民事訴訟法（ドイツ法を模範）、民法（後、修正）、商法（ドイツ人顧問のロエスレル起草、施行延期。後、修正）が公布された。ここに、法治国家として、西欧諸国との間の条約改正実現へ向けての法の共通基盤が急ぎ整った。「咸臨丸」の随行から三〇年が過ぎていた。ただし、民法は施行されなかった。

(3) 修正ドイツ型民法へ転換

これに先立ち、明治一七年（一八八四年）の小学唱歌集に「仰げば尊し」が登場した。文部省唱歌である。音楽にもまた、西洋の波が押し寄せていたのである。「仰げば尊し　わが師の恩」と始まるこの歌は、明治、大正、昭和、平成へと歌い継がれていった。

フランスから招聘のボアソナードを中心に、まず国民・私人間を規律する、個人主義・平等主義の強いフランスの流れを汲む民法が、明治二三年に大部分がいったん公布されたのであるが、以前から日本の風土に合わないとの意見があった。

かかる風潮の中、法科大学教授の穂積八束は法律雑誌への論文で「民法出でて、忠孝亡ぶ」と、フランスの流れを汲む民法を家族道徳、伝統的な日本の風土に合わない法律として反対したので施行できなかった。

そこで、その兄、穂積陳重や富井政章、梅謙次郎ら（いずれも西欧に留学）により、戸主権等を中心とした修正ドイツ型民法が起草され、明治三一年（一八九八年）に施行された。憲法施行から八年後のことであった。

(4) 帝国の末期に生きた音楽家

敗色差し迫る昭和一八年一〇月、作詞家としても名高い犬童球渓氏（作曲家、東京音楽学校卒）が亡くなられている。自ら命を絶たれたともいわれるが。世に知られる「旅愁」（更け行く秋の夜　旅の空の……遥けき彼方にこころ迷う）の歌や「故郷の廃家」（幾年　故郷《ふるさと》来てみれば……遊びし友人《ともびと》いまいずこ……）の歌で知られるその人である。

私たちも、中学校（新制）で、まだ珍しかったピアノに合わせて音楽の先生から教えてもらったものである。最近では知らない若い人も多いようだ。明治四〇年（一九〇七年）に「中等教育唱歌集」に発表された。作曲は共に、米国の音楽家（オードウェイ、ヘイス）であった。

戦争末期、激戦が続く硫黄島で市丸利之助海軍少将は、夕日に照らされた少年兵たちが望郷の思いで歌った前記の「故郷の廃家」の自然の合唱を陰で聞いた。市丸少将は、再び帰れる見込みのない中、少年兵を道ずれにするのはしのび難いと、涙したと伝えられる。

犬童球渓は父母や故郷を愛した心やさしき人であったと思える。しかし、時代は太平洋戦争の末期にあった。外国に由来する音楽もまた追放の槍玉に上がっていたのではないだろうか。明治憲法も出版等の自由を法律の留保下では認めていたが、厳しいものがあっただと思われる。戦時状態の継続は、音楽家や思想家にも絶望と深い悲しみを与えたに違いない。

大戦末期には「特攻隊」が出撃し、特攻も志願とはいいながら、限りなく強制に近いものであったに違いない。長引く戦争は人間を肉体的にも、精神的にも押し潰していったのである。

犬童球渓のすぐ近くに生まれ、後、戦争終結に身命をささげて尽力した高木惣吉海軍少将は、「特攻作戦」を執るの時点で、もはや戦争を止める時期が来ていたと述べている。今考えれば当然のことと思われようが、これらが判断できなくなるのが戦争である。

軍事力により一旦廻りだした戦争の歯車は、戦争を始めた軍人にも、止められなかったのである。早く戦争をやめなければ日本は取り返しのつかない事態になると、海軍の三トリオ（元総理・米内光政大将、井上成美中将、高木惣吉少将）と陸軍の松谷誠大佐らが動き出し、終戦へ向けて舵を切ったことがせめてもの救いであった。まず、軍人が止めなければ、戦争は終わらなかったのである。

マスコミでは、毎日新聞が社の生命をかけて、沖縄、本土へと迫りつつある怒濤の鉄の嵐に竹やりで立ち向かうことの無謀さを一面に打ち上げた。このことは、木鐸を標榜する新聞の当然といえば当然、まさに、命をかけての記事となった。

終戦後、新憲法下で、公共の福祉の制限はありながら、出版や思想、精神の自由、結党の自由が認められたことは、芸術家、思想家、記者、政治家にとってはこの上もない救いとなった。

3　極東国際軍事裁判等と国際平和

（1）　東京裁判（昭和二一年五月〜昭和二三年一一月）

東京裁判は、旧陸軍士官学校講堂を裁判所として、戦争犯罪を裁いた一審制の軍事裁判であった。

昭和二一年一月、連合国軍最高司令部は「極東国際軍事裁判所条例」を布告し、三つの罪の疑いで裁判した。

裁判長はウィリアム・F・ウエップ（オーストラリアの判事）、首席検察官がジョセフ・キーナン（米国）

一つには、共同謀議して、侵略戦争を計画、実行した「平和に対する罪」が主たるもので、二つには、戦争の法規等を遵守しなかったという「通例の戦争犯罪」、そして、三つめには、非戦闘員等への非人道的行為としての「人道に対する罪」であった。

この東京裁判の判決は、昭和二三年一一月、七名に死刑、一六名に終身刑、その他二名が有期刑の判決であった。病死者ら三名は除かれた。

戦勝国である連合国が、満州事変に遡《さかのぼ》り、大東亜戦争までを、敗戦国日本の戦争指導者、個人を、全面的共同謀議や平和に対する罪、人道に対する罪で、裁いたものである。なお、「人道に対する罪」で起訴されたものはいなかった由。

一一ヵ国の戦勝国である連合国の判事による判決は、全員一致の判決ではなく六ヵ国による多数決であった。

特に、少数意見としては、イギリス領インド帝国のラダ・ビノード・パール判事（国際法の専門家）は、事後法等で裁くことはできないとして、全員無罪とした。オランダのベルト・レーリンク判事も反対意見であった。

なお、原爆投下等の連合国軍の行為は対象にはなっていない。後日の評価は分かれた裁判だったといわれるが、裁判自体は無効ではなく、判決は確定した。

（2）アジア設置の軍事法廷（昭和二〇年一〇月〜昭和二六年四月）

さらに、東京裁判とは別に、オランダ、イギリス等の関係諸国が、アジアに設置した裁判所でも五七〇〇人余りが起訴されて、九八四人が死刑、四七五人に終身刑の判決が出されている。いわゆるB・C級戦犯としてである。

捕虜や住民を虐待したとして、戦時中の通例の戦争犯罪で、戦時国際法に問われたというのである。これらの中には、日本人のほか、朝鮮人、約一五〇人・台湾人約一八〇人が含まれていたといわれる。

(3) 刑に服された方々

様々の思いの中で、刑に服された方々は、その時代の国際的な重荷役割を背負って逝かれたものといえよう。戦争さえなければ、有能な公務員・民間人として、軍人として、政治家として、家庭人等として幸福に世を送った人々であったろう。

自存、自衛の目的で、戦争に突入した結果、無数の国民の犠牲を招き、領土ももとの木阿弥になってしまったのであった。法は暴力や戦争の進行中はまず無力な存在である。しかし、事が治まれば、法による裁きが待ち受けていることを東京裁判等は示したものともいえよう。

なお、この裁判は、裁いた側にも、共に、世界平和への義務と努力を強く促したものであったといえよう。アジア諸国の独立を促した側面もある。

(4) アメリカの独立と世界最初の成文憲法

ところで、極東国際軍事裁判を主導したアメリカは遠く、一七七六年、独立宣言を発し、「すべての人は平等に造られ、創造主によって、一定の奪いがたい天賦の権利を付与され、……。(高木八尺訳)」と宣言、一七八七年に至り、世界最初の成文憲法を制定して、近代国家の政治原理を表明した。

イギリスの植民地からの独立を果たした米国ではあるが、先住民や人種問題が解決されるには、なお、時間を要し、リンカーン大統領や、現在のオバマ大統領の出現を待たねばならなかったのである。

世界は少しずつではあるが平和に向けて進歩しつつあるといえよう。パリ不戦条約、国際連盟（一九二〇年一月、第一次大戦後の世界初の国際平和機構）、国際連合（一九四五年六月、サンフランシスコ全連合国会議で国連憲章に調印）、世界人権宣言（一九四八年一二月、第三回国連総会で採択）と地球規模の機構に充実してきた。

二――日本国憲法の成立過程

1 超法規的性格を有する「ポツダム勅令」

さて、ここで日本国憲法の成立について振り返ってみたい。日本は、明治維新以来、初めて敗戦の事実に遭遇した。昭和二〇年八月一〇日、一四日の御前会議で天皇の裁断によりポツダム宣言の受諾が決まった。

七月、ドイツ、ベルリン郊外のポツダムで米・英・中三国の巨頭会談（後、ソ連参加）で、日本に戦争終結の条件を示したのが、この宣言であった。手続きは、九月二日、東京湾上の米国戦艦ミズーリ号上で降伏文書調印式が行なわれた。

米国を中心とする連合国軍は、間接統治の方式をとりながら帝国憲法第八条に基づく天皇の発する緊急勅令条項を思わせ、超憲法的性格を有する「ポツダム勅令」を通して、天皇の戦争責任を回避、天皇を象徴とする日本国の建て直しを援助した。

昭和二〇年一二月になると婦人参政権が認められ、翌一月には天皇は詔書で人間宣言を行なわれた。

なお、GHQ（連合国軍最高司令官総司令部）は日本の民主化を進めていったが、連合国軍を批判する言論活動への統制を行ない、報道機関は厳しい検閲に置かれたという。

極東委員会（米、英、仏、ソ、中、カナダ、オーストラリア、インド、オランダ、フィリピン、ニュージランドの一一ヵ国。議長米国）、総司令部、連合国最高司令官と、分けても、憲法草案は、占領管理体制の中、総司令部いわゆるGHQ（米国中心の占領軍）と日本政府のやり取りにより進められた。

（1）国務大臣の松本蒸治案の提示

日本側は、国務大臣の松本蒸治案を提示したが、その内容は帝国憲法の天皇主権や軍隊の統帥などが規定され、旧憲法の修正・改正の域にとどまるものであった。日本側からすれば、帝国憲法の改正手続きに沿ったものとの判断がなされたものといえる。日本人のみでは現人神《あらひとがみ》の天皇主権から国民主権への一八〇度の発想の転換は無理であったといえよう。

マッカーサー元帥は、松本蒸治政府案を拒否しながら、自衛権を含む軍備の廃止と天皇を元首とする、いわゆるマッカーサーノートを提示した。自衛権を含む軍備の廃止は、パリ不戦条約が、自衛戦争を容認したために、第二次世界大戦が勃発したからとも言われる。太平洋戦争も自存、自衛のためにと、米国最大の海軍基地、真珠湾を攻撃したのである。

（2）GHQ（総司令部）草案

さらに、GHQ（総司令部）草案として、「象徴天皇制、戦争の放棄、一院制の国会」

案が日本側に提示された。ポツダム宣言、マッカーサーノート等を基にした案とされる。

（3）GHQ草案と鈴木安蔵の憲法草案要綱

ところで、民間の立場から、GHQ草案に強い影響を与え、そのモデルになったとも言われる、「憲法草案要綱」なるものが存在した。高野岩三郎（元東大教授、初代NHK会長）が民間の憲法研究会の結成を、憲法学者の鈴木安蔵（後、静岡大学教授）に提起した。終戦の一〇月末のことという。主権在民原則と立憲君主制を旨とした「憲法草案要綱」を一九四五年一二月に発表して、GHQや日本政府にも提出していた。

その主たる内容は、日本国の統治権は日本国民より発し、天皇は国家的儀礼を司《つかさど》り、法律の留保なき基本的人権、男女の完全平等を謳い、二院制度、議員内閣制を採用するとしていた。司法権については、大審院院長、行政裁判所所長、検事総長は公選とし、冤罪《えんざい》刑事補償規定も定めていた。

翌年の一九四六年一月一一日、GHQのラウエル法規課長は、これを民主主義的で賛成できると評価して、本案をたたき台として、日本国憲法が形作られていったといわれる。なお、この文書の発見は、日本が日ソ共同宣言、国連加盟（一九五六年）後、独立した一九五九年のことという。主権在民、天皇制維持、議院内閣制の採用等、現在の憲法に類似のものであった。起草にあたり、鈴木安蔵は、明治一五年の植木枝盛案や土佐立志社案等々を参考にしたと毎日新聞記者に語ったという。

日本国の憲法策定には、やはり、そこに住んでいる日本人の感覚がなければできなかったといえるし、また、占領期を脱し、独立後、半世紀以上にわたり受容、定着することもなかっただろう。

(4) 憲法改正草案要綱を発表

さて、一九四六年一月一一日以後、GHQ民生局(ホイットニー局長、ケーディス次長)と日本政府側との徹夜の交渉審議の後、昭和二一年三月六日に憲法改正草案要綱を発表。翌月に入り、日本政府による憲法改正草案が発表された。六月には、第九〇回帝国議会が開会となり、憲法改正案が衆議院に提出された。

新憲法第一条は、「日本国と日本国民統合の象徴」であり、国民の総意に基づく地位が天皇であると明記した。旧憲法と一部共通の部分を有する立憲君主制(現代型君主制)が維持された。現人神から人間宣言をされた象徴としての存在である。

なお、旧憲法時代には皇室典範は最高法典であり帝国議会の議の及ぶところではなかった。現在の皇室典範は同名ではあるが、第二条で、国会の議決を経るべき法律となっている。

第九条の原案は、「国の主権の発動たる戦争と、武力による威嚇《いかく》又は武力の行使は、他国との間の紛争の解決の手段としては、永久にこれを放棄する。陸海空軍その他の戦力の保持は、許されない。国の交戦権は、認められない」とされた。つまり、一切の実力機構を認めないとされ、旧憲法の統帥権条項は消え、天皇は象徴とされた。

なお、新憲法は、帝国憲法と同様に、国民の私有財産制を認めた(公共の福祉の制限はあるが)。

(5) 芦田修正等

この憲法改正案の審議過程において、衆議院で第九条第一項の前文に、『日本国民は、正義と秩序を基調とする国際平和を誠実に希求し』を挿入し、第二項の前文に『前項の目的を達するため』という文を挿入した。芦田均(後、総理)による、いわゆる芦田修正といわれるものである。

すなわち、国際紛争を解決する手段ではなく、自衛権としてならば、明文化されてはいないが、独立国家の憲法に内在する自衛の権利が認められるとしたのである。自衛権の行使は表には出ていないが、違憲ではないと解釈できる余地が定められたのである。

同時に、内閣に、軍に準じる実力組織を背景とする閣僚を認めず、極東委員会の要請で文民条項(憲法第六六条第二項)を置くこととなったのである。公職選挙法八九条、九〇条も公務員の立候補制限等を定めており、現職自衛官の政治的公職への就任が禁止されている。なお、非常勤の消防団長、消防団員は公職の候補者なることができる。

また、国民は、納税・勤労・教育を受けさせる義務を有するが兵役の義務はない。自衛隊への志願制に止まる。芦田修正は、自衛隊の創設を見越した別表現だったといえよう。自衛隊の最高指揮命令権は、文民である内閣総理大臣にある。むろん、防衛大臣も文民である。内閣の直接の統制下に服することは、自衛隊員の誇りともいえよう。

ともあれ、前述の第九条は芦田修正を経て、帝国憲法改正手続きにより、貴族院はそのまま通過した。最終的には憲法第九条は、

「① 日本国民は、正義と秩序を基調とする国際平和を誠実に希求し、国権の発動たる戦

争と、武力による威嚇又は武力の行使は、国際紛争を解決する手段としては、永久にこれを放棄する。② 前項の目的を達するため、陸海空軍その他の戦力は、これを保持しない。国の交戦権は、これを認めない」と、このように条文化された。

帝国議会では、さらに、ドイツのワイマール憲法に習い、森戸辰男衆議院議員（後、文部大臣）の提案により、生存権を定めた、今の、憲法二五条が追加修正された。

なお、草案では、国会は衆議院のみで一院制であったが、日本政府（松本烝治）の強い希望で参議院を備えた二院制が実現して、今日に至っている。

GHQ草案にはなかった、憲法一七条も「国家の損害賠償責任」が衆議院の修正で定められ、国家無答責（国家は善なる行為者で責任なし）ということは出来なくなった。

一方、日本に住む外国人の人権については、GHQ草案で「外国人は法の平等な保護を受ける」との文言を、日本政府はGHQと協議して、これを削除させた。

衆議院は、六月二五日から八月二四日、貴族院は八月二六日から一〇月六日までと、各三ヵ月にわたる第九〇帝国議会での審議、修正を経て、昭和二一年一一月三日に公布されたのが、今日の日本国憲法である。

(6) 戦争放棄条項回想談

ところで、マッカーサー回想記によれば、『戦争放棄条項は、私が押し付けたとの非難があるが、一月二四日、幣原（喜重郎）首相から、日本は一切の軍備機構は持たない旨の提案があり、私は腰を抜かすほど驚き、私も、戦争が国際間の紛争解決には時代遅れの手段で、廃止することは長年熱情を傾けてきた夢だった趣旨を語ると幣原氏も、よほど驚かれたもよう。事務所を出るときは感極まる風情で、「世界は私たちを非現実的な夢想家と笑いあざけるかもしれないが、百年後には、私たちは預言者と呼ばれよう」』（概要）と。

このような会話も、明確にするのも難しいと思われるが、敵味方あわせて二〇〇〇万人とも、その倍以上ともいわれる犠牲者を出した後の空しい思いが、犠牲者への思いが共に宿っていたからではないだろうか。国境を越えた人類の思いが、日本国憲法に表現されたと見る人も多いのではなかろうか。

平成二二年三月現在、東京都の人口が、約一三〇〇万人とのことだが、この倍の人たちが犠牲になられたわけであった。日本側だけでも犠牲者、約三一〇万人と、その家族の涙は今も流されている。

見方を変えれば、日本国憲法は、敗戦とGHQを活用して、誕生した世界に冠たる人権の保障と平和の象徴といえよう。

三——新憲法の時代

1　音楽と憲法効果

(1)　自由のメロディー

ポツダム宣言を受諾する旨の玉音放送（日本放送協会）が昭和二〇年八月一五日正午に全土に流れ、日本の新しい時代が来たのであった。

国民は、ともかくも終戦に安堵し、廃墟から立ち上がりの時代が始まった。

言論の自由も、取材、発信、情報受信と、法律の留保ではなく、公共の福祉の制限はあるものの、自由空間が日本に出現したのである。

巷のラジオ等からは、並木路子・霧島昇の「リンゴの唄」が、翌二一年には、藤山一郎・奈良光枝の「青い山脈」や、川田正子の童謡「みかんの花咲く丘」が流れ、明るい、男女親子の情愛と希望に満ちたメロディーがあふれてきた。昭和二一年一一月三日公布（明治天皇の誕生日、明治節）された新憲法の法の下の男女の平等や精神的自由は、歌謡曲・音楽にも大きく影響を与えていった。

昭和二三年になると、岡晴夫の「憧れのハワイ航路」や竹山逸郎・中村耕造の「異国の丘」の歌声が響いた。パールハーバーの名を持つ、ハワイ、オワフ島・真珠湾は、憧れの航路と変化し、他方、異国の地、満州やシベリア抑留からの引き上げ帰国、それを待ちわびる幾万の家族で、舞鶴港等はごった返したのである。

戦後遅くまで、NHKラジオからは、尋ね人の放送が流れており、これが、先の大戦で別れ別れになった親子等の消息を尋ねる声であることを知ったのはずっと後になってからであった。「岸壁の母」に歌われた復員兵士（日本への帰還兵）の帰りを待つ母の思いは、菊池章子、二葉百合子の歌声となり、国民の共感を呼び、いつまでも絶えることが無かった。

（2）半導体の時代と日本の独立

玉音放送当時は、ラジオも三本の真空管型が多かったのであるが、真空管も小型化され、本数も増え、外観のデザインも施されていく。やがて、真空管活用の時代は去り、トランジスターラジオ、そして、テレビが出現し、半導体の時代を迎え、音楽等ソフト・ハード産業の今日の社会を形作ったのである。

新憲法はアメリカとヨーロッパ諸国の混成憲法の側面も有すると言われるように、世界的な面をも有する。日本は世界的な理想憲法の舞台を提供したともいえよう。

後、サンフランシスコ平和条約も発効（一九五二年、昭和二七年）して主権の回復がなされ日本は独立していった。サンフランシスコ市は米国に在る。

このサンフランシスコ平和条約（日本と四八ヵ国にとどまり、ソ連、中国、インド、ビルマなどを除く）と同日に、日米安全保障条約も調印され（後に改定）、独立後も米軍が「極東の平和と安全～アジア、太平洋地域の安定」のために日本国内に駐留を続け、日本側では基地を提供することで現在に至っている。

対外防衛については、保安庁法（昭和二七年）、自衛隊法（昭和二九年）が定められ、独立国家の体をなしていった。

（3）男女同権の夢

昭和三一年には、日ソ共同宣言、国連に加盟するまでに成長した。昭和三四年、三五年と、ペギー葉山の「南国土佐を後にして」や、西田佐知子の「アカシアの雨がやむとき」に見られるように、世の中にゆとりや男女の切ない思いが、自由に語られる時代となっていったのである。

「男女七歳にして席を同じゅうせず＝礼記」の時代は、終戦と共に徐々に消えていったのである。男女同権、男女共学の時代が出現したのである。

（4）言論出版放送映像文化

憲法二一条等、言論の自由を謳った「日本国憲法」は、言論出版放送映像の文化を花開かせた。むろん、思想・表現も「公共の福祉」に反しない限り、左右上下を問わず自由の世となった。政党が沢山できることも、現憲法は保障している。

こうした自由な空間の中で、創造的な文化・芸術の花は咲き、それらに伴って科学技術の発達も促されてきた。半導体技術の世界が開け、音声・映像の技術がより高度になり、人はだれでも、その文明を享受できるようになったのである。パソコンも身近なものとなっている。極小の半導体メモリーは極大の空間の場をもたらしたのである。なお、半導体は導電率が絶縁体と導体の間にあり、変化する性質を有する。

2　統治行為に関した訴訟

(1)　警察予備隊訴訟

昭和二五年六月の朝鮮戦争の勃発で、自衛隊の前身となる警察予備隊令（GHQのポツダム政令の一つ）が同年八月公布された。この警察予備隊訴訟で、昭和二七年一〇月八日、最高裁判所大法廷は、全員一致で、具体的事実を離れて抽象的に法律命令等の合憲性を判断する権限はない旨を判示し訴えを却下した。

(2)　高度の政治判断

また、最高裁判所大法廷は、全裁判官一致で、国家統治の基本にかかり高度の政治性を帯びた国家行為（憲法第七条による衆議院解散、違憲訴訟）は裁判に馴染《なじ》まないとして裁判所の審査権が及ばない旨の判断をして、上告を棄却し、政府、国会に委ねて最終的には国民の政治判断とした。（昭和三五年六月八日）

なお、一定の自治権を有する政党や、宗教上の価値判断を伴う宗教団体、学問の自由等を伴う大学においての紛争等で、法令を適用しても、終局的に紛争の解決がされないものには、司法審査権は馴染まないとされる。が、一般市民としての法的地位にかかわってくる場合は司法の対象となる。

（3）航空自衛隊のイラク派遣違憲訴訟

平成二〇年四月一七日の名古屋高裁での航空自衛隊のイラク派遣違憲訴訟の判決でも、主文は控訴を棄却した。が、傍論において、イラク空自輸送は、イラク特措法、憲法九条に違反するとの判断を示した。司法が抑制的に、拘束力はないが、警鐘を鳴らしたものといえる。

日本国の形が三権分立の下にあり、立法府と司法府と行政府は相互に敬意を表しながらも、相互牽制の役割を帯びている。なお、航空自衛隊が、その高度な技量を駆使し、無事、帰国したことを喜びたい。

3　国際連合と集団的自衛権の濫用防止

（1）国際連合憲章

地球上の一九二ヵ国で構成されるところの国際連合（憲章）（二〇〇八年一一月現在、日米英独仏露中等一九二ヵ国が加盟）は、日本国憲法にも似て、武力不行使の大原則を掲げ、加盟国の安全を全世界、統一的に保障している。平和への脅威、侵略行為に対しては、常任理事国たる五大国（米国、英国、ロシア、中国、フランス）と六ヵ国の非常任理事国で構成される安全保障理事会の決定（許可）による。

まず経済制裁等の非軍事的な強制措置がとられ、次の段階として、武力行使も可能であるとしている。が、常任理事国には拒否権があり、いまだ、国連憲章に基づく武力による強制措置は発動されたことはない。

また、加盟国に武力攻撃が発生した場合は、安全保障理事会が必要な措置をとるまでの間、加盟当事国の個別的または集団的自衛の固有の権利を害するものではないと述べている。

つまり、集団的自衛権の行使が可能とされており、外部からの不法な攻撃に対しては、軍事同盟、相互援助条約の締結により撃退が容易にみえる。片方からみると、合理的に見えるが、敵とした相手国にも軍事同盟、相互援助条約が存在することが考えられる。

集団的自衛権の応酬が繰り広げられ、自衛戦争といいながら、いずれの国が不法な攻撃国か判別は困難を極める。自衛権の濫用や勝ちすぎて、国内法にいう過剰防衛相当とされる可能性も否定はできない。

国際司法裁判所は集団的自衛権の行使を認める判断で、条件として、攻撃された国がその旨を宣言し、かつ、その国（正当政府）が援助の要請を行なうことが必要として、集団的自衛権の濫用を戒めている。

ジュネーブ諸条約、国際人道法、国際人権法でも守られるべき人間の生命、人権に思いを馳せるとき、万難を排して守るべきは、戦争の回避であり、解決への人類の英知である。

（2） 自衛権の行使と安保理事会への報告義務

国連憲章五一条、サンフランシスコ平和条約五条（C）には、主権国家として、自国への急迫不正の侵害を排除する行為である個別的自衛権を有し、または自国と密接な関係にある他国に対する侵害の排除をする行為である集団的自衛権の固有の権利が定められている。加盟国がこの時限的な自衛権を行使した場合、直ちに安全保障理事会に報告の義務があることは前述した。

が、わが国の場合は、日本国憲法九条で許される自衛権の行使は、専守防衛に基づき必要最小限度の範囲内で、その防衛力も必要最小限度に限定される。集団的自衛権の行使はこれらを超えるものであり、認められないというのが歴代政府の立場であり、憲法を遵守する鳩山連立内閣の方針でもある。

地球上のすべての政府が、一九二八年（昭和三年）の「不戦条約」の原点に返り、国際連盟、国際連合を編み出した先人の努力を無にしてはなるまい。

日本国には、その成立の過程においても、世界憲法の性格を有する日本国憲法を掲げて、世界平和のさきがけの役目があるといえよう。閉じられた狭い地球の間での武力の拡大強化は、相手国の武力の拡大強化を招き、果てしがない。戦争は地球環境を汚染する。地球温暖化防止にも逆行する。

(3) 世界の宇宙船・地球

地球が宇宙に浮かんでいることを映像写真で地球に送り、実証した地球の人工衛星船・国際宇宙ステーションは日本、米国、ロシア等の宇宙飛行士を高度約四〇〇キロメートルの周回軌道に滞在させることができた。中国も宇宙船、神舟五号にて飛行士を搭乗させ、高度三四三キロメートルからの地球の美しさを讃えた。

万有引力と調和しながら、太陽の光の恵みを受けつつ周回する国際宇宙ステーションは、地球上の政府の対立ではなく、世界の協力によるほか人類の生存はないことを実証している。

(4) 国連地球平和衛星(仮称)とノーベル賞

今日、国連は発展しつつあり、さらに世界政府・世界連邦への深化を期待したい。国連機関こそ、世界のすべての国を観測し、地球に衝突の恐れのある小惑星の観測をも兼ねた国連地球平和衛星(仮称)が打ち上げられることを望みたい。

ノーベル平和賞受賞の佐藤栄作内閣以来、鳩山由紀夫内閣も掲げてきた日本の「非核三原則」により憲法九条は生き、憲法九条により非核三原則は輝く。一秒間の急激な核分裂で日本国市民二〇万人以上が受けた犠牲者の願いは一つ、世界の平和に尽きる。世界史的な使命を帯びた日本、日本国憲法は、反面に専守防衛を確保しながら、近隣諸国に日米安保を介して平和目的に作用する。米国沖縄海兵隊員も同じ人間である。日本国憲法の及ぶところ、平和的役割が果たされよう。巨大地震が発生した場合等にいち早く駆けつけられる等の災害対策等、人命救助にも期待したい。ノーベル平和賞受賞のバラク・オバマ米国大統領に期待されるものの大なるものがある。

4 PKO協力法(平成四年六月成立)について

(1) 国連平和維持活動等協力法

国連の決議を踏まえた国連平和維持活動である。憲法前文の趣旨、「……われらは平和を維持し、専制と隷従、圧迫と偏狭を地上から永遠に除去しようと努めている国際社会」

の一員として、憲法の枠内で参加が可能といえる。

紛争当事国の同意、さらに、国連事務総長の要請があれば、道路の復旧、選挙の監視、停戦監視、兵力の引き離し等のPKO業務に自衛隊が協力することは国際社会への貢献策の一つである。

外形的には、海外派兵にも見えるが、人道目的ならば、人道に反する罪が問われることもなく、明白に憲法に違反するとの根拠はない。むろん、内政干渉や武力の行使は不可である。

国連平和維持隊への参加基本方針は、以下のPKO参加五原則を満たす必要がある。
① 紛争当事国の停戦合意の成立
② 平和維持隊が活動する地域の属する国を含む紛争当事国の同意
③ 特定の紛争当事者に偏らない中立的立場の厳守
④ 以上の方針のいずれかが満たされない状況になれば撤収可能
⑤ 武器使用は要員の生命防護のために必要最小限に限定

5 内閣に服する自衛隊

(1) 友愛の自衛艦へ

憲法第九条は他の条文と同様に記述されているが、その重みは、鉄の如しである。過去、外国での軍事クーデータによる政権の樹立がニュースで報道されることがあったが、歴史的には、実力組織があれば、国家の統治作用が生まれるという国家形成の因を宿す強力なものでもある。

三権分立の、司法、立法、行政からすれば、外交・防衛政策は、「内閣の行政権」に属するものである。司法権には、馴染まないものとして、原則、裁判所も回避する。

帝国憲法下では、その統帥権条項により、帝国陸海軍は天皇に服する軍隊機構であった。帝国陸海軍の作戦・用兵・指揮命令はその統帥機関の補佐の長である、陸軍参謀総長、海軍軍令部総長が執った。内閣から独立状態にあり、行政府といえども如何ともしがたかった。

日本国憲法下では、その文民条項により、自衛隊の最高司令官は、内閣総理大臣である。防衛大臣・外務大臣を含む内閣の自衛隊である。その内閣の権力は国民が選挙を通じて付与したものである。ゆえに、国を守る自衛隊が内閣に服することは、自衛隊員にとっても誇りであるといえよう。

自衛艦等が航行する際には、その護るべき国民、民間船等にも注意して、安心感をもたれる存在であって欲しいと願うものである。

また、民間船等も、平和を守り災害派遣等の任務につく自衛官・自衛艦に対しては、その苦労を思いやることが必要とはいえないだろうか。相互に友愛を持って、敬意を払うならば、お互いの存在を高めることができよう。事故等も回避できるはずである。

(2) 国家緊急権と専守防衛

さて、そもそも、憲法の役割には国家主権による統治作用とともに、三権分立や国民の人権保障を内側から監視する機能も有する。国民に対して安心して暮らせるように、あらゆる面から保障する。

対外的には、国の独立を外交・防衛の面から保障する。九条は戦争放棄を宣言している。ただ、国家緊急権として、専守防衛に基づき、海上浮遊機雷の掃海、不審船の監視・警告、臨検、退去、領空侵犯機への侵犯通知・方向転換・退去・強制着陸誘導、わが国への急迫、不正の侵害に対する対抗処置（反撃・撃退等）がある。

日本の自衛隊には宣戦布告等の交戦権はないが、独立国家として、平衡状態を維持する専守防衛力がある。麻生元総理の答弁にも見られたように、艦船が遊弋《ゆうよく》しているだけでも、抑止効果があるのではないかと。執られた対抗措置は国連安保理へ報告義務がある。

現場の指揮官にも、権限と共に重い責任がかかってこよう。情勢判断、分析、隊員の安全、環境、国民への影響、他国への影響等である。戦争の回避策が第一である。

自衛隊法、武力攻撃事態国民保護法、周辺事態安全法等が定められている。

(3) 硬性憲法

日本国憲法は硬性憲法であり、第九条を含めて簡単に改正できるものではない。国の中心となる憲法がしばしば変わるというのも必ずしも安定した国だとはいいがたい。さらに、法は成立すると、一人歩きを始める。

特に、最近、国政選挙に見られるように、民意が急激に、それも、V字型に変化を繰り返していくのには、一抹の危惧を覚える。もっとも、全体からすれば、国民・有権者のバランスの取れた結果が出されてはいるのだが。

6　自衛隊法について

（1）自衛隊法

自衛隊法は、一条から一二六条と附則抄からなる。ここに述べるのは要点のみだが、国民もその内容を把握しておくことが、様々な面で重要となる。

(1)　直接侵略・間接侵略からの防衛等

自衛隊は、日本を直接侵略・間接侵略からの防衛を主な任務とし、必要に応じて公共の秩序維持を任務とするもので、内閣総理大臣が、内閣を代表して、自衛隊の最高指揮監督権を有する。

(2)　幕僚長の隊務統括

内閣の防衛大臣は陸、海、空の幕僚長・統合幕僚長を通じて、自衛隊の隊務を統括し、指揮監督を行なうわけである。自衛隊員は平和と独立を守るために、ことに臨み危険を顧みず、身をもって責務の完遂につとめ、国民の負託にこたえることと法は定める。そして、自衛隊員は、居住場所の指定を受け、上官の命令に服従し、さらに、秘密を守る義務がある。なお、防衛医大卒業生は当該教育訓練を修了後、九年間を経過するまでは、隊員として勤続する義務を負う。

(3)　招集命令

防衛大臣は内閣総理大臣の承認のもと、招集命令書を即応予備自衛官に対して発し、以下の命令を出すことができる。

防衛出動命令、治安出動命令、国民保護等招集命令、災害等招集命令、訓練招集命令がある。

(4) 防衛出動と国会の承認等

内閣総理大臣は外部からの武力攻撃が発生又は明白な危険が切迫した場合、自衛隊法七六条の防衛出動を命ずることができるが、武力攻撃事態等法（平成一五年六月一三日法律第七九号）で、国会の承認を求めるなど、さらに、法一八条でも、国際連合憲章第五一条及び日米安保条約第五条第二項の規定に従って、武力攻撃の排除に当たり、日本が講じた措置について、直ちに国際連合安全保障理事会に報告する義務がある。

(5) 防衛出動時の武力行使の範囲

防衛出動時の武力行使は、国際の法規及び慣例により、これを遵守し、かつ、合理的に必要と判断される限度を超えてはならないものとされている。武力攻撃予測事態においても、その発生を可能な限り回避するように努める必要がある。

自衛隊の最高指揮監督権を有する、時の内閣総理大臣の使命は真に重責である。

なお、今日は情報の時代であり、情報収集衛星等も含め、多極的な外交戦略により対話の灯を無期限に続ける覚悟が求められよう。

(6) 職務命令違反への罰則

防衛出動命令を受け、正当な理由なく、三日以内に職務の場所につかない者や上官の職務命令に反抗し、服従しないもの等は、七年以下の懲役または禁固の定めがある。

(7) 都道府県知事

都道府県知事は天災地変その他の災害時、部隊等の派遣を防衛大臣らに要請できる。

(8) 原子力災害派遣

防衛大臣は地震防災派遣、原子力災害派遣ができる。

昭和三〇年一二月、戦後一〇年程度で原子力基本法が成立している。

第二条で、平和目的、安全確保、民主的、自主的な運営行使、成果公開、国際協力を骨子とした。

原子力発電所は、極めて安全性が求められるので、断層帯や火山地域には作れないが、地震が多く、断層の多い日本では、さらに安全性が求められている。炉の中で、石炭を燃やす代わりに、原子核分裂反応により、高熱を引き出し、その蒸気で発電機を廻して電気を起こすものである。

重要なことは、核分裂反応を制御することにある。制御しないのが原爆となる。

なお、日本の場合、概《おおむ》ね海等の側に建設され、熱は冷却塔不要で、温水として海等に排出する。海洋環境も十分配慮される。石炭のように二酸化炭素を排出しないので、地球温暖化の防止に役立つものである。

核分裂が制御できなくなり、炉心溶融にいたる重大事故では、目には見えないが強力な放射線が撒き散らされ、その被害は甚大となろう。もっとも、日本の核技術は高い水準にあり、設計の枠内ならば通常その心配は無用であろう。

なお、一般的に、核テロや戦争状態では、国のエネルギーの元である発電所、それも原子力発電所が攻撃対象になることが考えられよう。いずれも地球を滅ぼす因となる。そのためにも、友好、友愛で国際外交一本槍で、万難を排して戦争等の行為を避けなければなるまい。単純ではあるが、平和に勝るものはないといえよう。

ただ、半減期も長く、毒性もある放射性廃棄物を伴うのであるが、高度な技術水準の研究とともに、今のところ地下深くの地層に埋設される以外、他に方法はなさそうである。

(9) 外国の航空機の領空侵犯

防衛大臣は外国の航空機が国際法規又は航空法等に違反して、日本上空内に侵入した場合、着陸させ、または退去させる措置が取れる。

(10) 弾道ミサイル等の迎撃と総理の事前承認と国会報告

防衛大臣は、弾道ミサイルが日本に飛来・落下による人命、財産への防止策が必要なら、内閣総理大臣の承認を得て、自衛隊の部隊に対し、わが国領域または公海の上空にて破壊する措置を命ずるが、それらの措置がとられたら、内閣総理大臣は速やかに、国会に報告する。なお、この弾道ミサイル等の破壊に必要な武器の使用もできるとする。

なお、万一核弾頭等を搭載したミサイルを領空内で、迎撃に成功した場合、核爆発が上空で起きたと同様になれば、核汚染、電磁波障害等が発生し、一切がコントロール不能に陥る危険もありえよう。いずれの国も、常日頃、対話を重ねるという平凡なことが非凡につながる。

(11) 海上の機雷の除去

海上自衛隊も防衛大臣の命を受け、海上の機雷その他の爆発性の危険物を除去、処理できる。

⑿　海上における警備行動時の権限については、警察官職務執行法が準用される。
⒀　治安出動時の権限については、警察官職務執行法が準用される。
⒁　後方地域支援等や南極地域観測に対する協力も求められている。
⒂　海賊行為の処罰、対処法（平成二一年六月二四日法律第五五号）がある。

7　帝国憲法・統帥権下の陸海軍

帝国憲法下、宣戦布告と講和の条項がありながら、速やかな戦争終結ができなかったことは、一旦動き出した軍事力は加速度的に巨大化していくことを示した。早期講和の機会も失い、大艦巨砲主義の中、沖縄本島沖へ出撃した戦艦「大和」群は、伊藤整一中将以下三七〇〇名の勇士とともに星降る南海の平和の海の護りとなった。

陸海軍の作戦・傭兵の統帥権を持たれた陛下でさえ、原爆投下後の玉音放送を待たれる以外に方法はなかったのである。

軍が、最後まで、国民をも道ずれに、本土決戦・玉砕まで決行しようとしたのも、負ければ、国土を失い、軍人は国民の尊敬を失うばかりか、職業軍人はその職を失い、果ては戦争犯罪人として裁かれるのが目に見えていたからでもあろう。

戦争の原因の一つに、外交の後方にあるべき陸海軍が、結果的に外交を突き上げ、前面に出てしまったことである。米英を良く知る山本五十六連合艦隊司令長官をはじめ、海軍首脳は米英と干戈《かんか》を交えることには元来、反対であった。

さらに、陸軍と海軍の対立等があった。外交で追い詰められ、軍事力を持っていれば、共に、戦争はできないとは言えなかった。陸軍は海軍の口から戦争しても勝てないと言わせようと迫り、海軍はその面目から引き下がれず、期限を切り、短期のそれも米国本土から遠く離れた真珠湾に奇襲攻撃をしたのであった。

8　日米相互協力及び安全保障条約

(1)　平和憲法条項を含む日米安保条約

自衛隊法は隊員に対して、ことに臨み危険を顧みず、身をもって責務の完遂につとめるように定めている。隊員の心意気には敬意を表したい。

もっとも、その任務上、一部制限されるとはいえ、生命・自由の権利を憲法で保障された日本国民に他ならない。外交交渉の役割はなににもまして重要である。

現代科学の発達は、地球が宇宙に浮かぶ丸い船であることを証明し、地球上のあらゆる政府・政権が平和のうちに共存すべきことを指し示した。

願わくば、深化した国連（現、パン・ギムン事務総長）が舞台となり、ノーベル賞受賞者の湯川秀樹氏や石橋湛山元総理の提唱した「世界連邦相当政府」が形成され、地球を周回する国際安全情報衛星（仮称）の情報収集解析により事前に判読し、国連安全保障会議のもと、平和的に解決されることができるならば、最も望ましいことである。

国際法上（国連憲章五一条、サンフランシスコ平和条約五条C）、日本も、個別的または集団的自衛のための固有の権利は有する。が、日米相互協力及び安全保障条約は、国連憲章の武力不行使の原則を約束すると共に、自国の憲法上の規定及び手続きにより行動することが宣言されている。

よって、日本国憲法九条の規定により、日本国の自衛を超える、その行使は認めらないというのが歴代内閣の指針である。鳩山内閣も踏襲した。

9 鳩山連立内閣と平和の原点

天皇から国民までのすべてに、憲法の定めるとおりその尊重擁護の義務がある。

鳩山総理（党首）の答弁で、「日本は核武装可能な潜在能力を持ちながら、非核三原則を貫く。核兵器の廃絶を、全世界に求める」との姿勢は、より効果的に羽ばたく平和の鳩といえよう。亀井代表（大臣）のハトを守るタカの姿勢もユニークで効果的である。福島党首（大臣）の平和運動家としての存在も大きいといわなければならない。

10 戦争回避と国際司法裁判所

国内でもめごとが起これば、国の裁判所に持ち込み、そこで解決が可能である。解決するための、法も機構も整っている。

一七世紀にオランダのグロチウスは、国家の間においても、自然法に基づく国際規範である国際法の必要性を唱えた。

日本においても、一六〇〇年、いわば、二つの国とも言うべき東国軍（徳川家康、主将）と西国軍（毛利輝元、主将）に分かれながら日本人同士が戦った。この関が原の戦いにおいても、一応、武士道に則《のっと》り、戦《いくさ》が行なわれたのではないか。これらは、国際法の芽生えとはいえないだろうか。

もっとも、ルールを守る覚悟があるならば、戦争の形式を避けて、話し合いで解決するのが、人間らしいと言えるのではないか。

現在、国際連合の主たる司法機関として、オランダのハーグに本部を置く「平和宮」がある。国連憲章は武力不行使を原則とする。大戦を繰り返してきた反省から生まれたものといえよう。

原則、訴訟資格を有する国家、両当事国の同意による付託で裁判となる。裁判官は日本や拒否権を有する五大国等の一五人で、日本の最高裁判所大法廷と同人数である。国際連合憲章とは不可分である国際司法裁判所規程による一審制の裁判である。

国際条約、慣習法、法の一般原則、判例、国際法学者の学説等に基づき裁判が行なわれる。双方の国が満足できる公平な裁判が期待されている。ただし、履行を強制できる平和的統一機関が、いまだ形成の途上にあるのではないか。国連の深化を望みたい。

11　宇宙基本法と地球の安全

(1)　小惑星、北米大陸・ユカタン半島衝突

恐竜絶滅の原因は小惑星の衝突により、大規模な気候変動を引き起こしたからだ、との共通認識を松井孝典氏を含む世界の専門学者が明らかにした。白亜紀と古第三紀の境界層に隕石に多量に含まれるイリジュウム（元素）や衝突時変質した石英が見られたというの

である。

直径一五キロほどの小惑星が毎秒二〇キロの速度で、メキシコのユカタン半島に衝突したと思われ、推定直径一八〇キロメートルのクレーターが確認されている。マグニチュード一一以上、広島型原爆の一〇億倍に相当したと見られる。

硫黄等のちりが大気に、成層圏に巻き上げられ、硫酸と化し、酸性の大雨が降りしきり、太陽光線をさえぎり、核の冬のように光合成も不可能となり、食料の草や木は枯れ果て、さしもの恐竜も絶滅したという。

(2) シベリア中央部・隕石落下

最近では、一九〇八年六月三〇日、シベリア中央部(ツングースカ)に隕石が落下したらしく、あたりの森林に甚大な被害を与えたといわれる。直径が五〇メートル前後程度で、メガトン級のエネルギーで衝突したようだ。直径一キロメートル以下の彗星等は直前まで発見が難しいようだ。

もっとも、流星といわれるように、地球の大気圏内に突入時、空気との摩擦で発光しながら消滅するのがほとんどである。自然の防御装置である。

なお、シベリアの隕石落下付近には、放射性物質は発見されていない。地球上の核爆発ではない。

(3) 小惑星や彗星の衝突回避可能性

杞憂かもしれないが、気になることがある。何億年と今後も宇宙空間を航行していく地球に衝突してくるかもしれない小惑星等の存在である。

大小の隕石落下は宇宙空間を航行している地球人には避けられないところだ。が、長い宇宙歴の中で、火の玉の勢いの隕石等が核施設に直撃したら、地球は無事にいられるだろうか。核廃絶に動き出した人類の方向はその意味でも間違ってはいない。原子力発電施設も同様である。メガトン級（TNT火薬の一〇〇万トン級）の火の玉にも耐えうる原子力発電所防御態勢も望まれるところである。

宇宙に存在する小惑星や彗星が地球に衝突する可能性が高ければ、これを予測し、結果を回避せしめ、人類の安全を期すことは、地球法上（まだないが）当然のことであろう。小惑星や彗星の大きさ、位置と速度と方向等を逐次観測し、その軌道を地球からそらし、衝突を避ける義務を地球上の政府、科学者が、果たすべき時代に入ったというべきではないだろうか。時間との必死の戦いが予想される。

地球の軌道を一時的にそらすことも考えられるが、何せ、人類は地球船に乗っているばかりで、だれも、エンジンを見た者もいないし、運転もしないし、ブレーキさえも知らない。が、地球船は着実に姿なき万有引力に導かれて、その軌道をたどり、迷うことなく、自然に動いている。地球人はいまだ、自らが乗船している地球の操作ができない存在なのである。

なお、地球ではないが、ごく最近、一九九四年、巨大惑星の木星に対し、直径数キロの彗星が衝突し、巨大なエネルギーを発した様が、報道機関を介して映し出されたことは、まだ記憶に新しいことである。衝突箇所にはクレータと思われる痕跡を残した。

身近な、地球の衛星である月も、クレータばかりのようにも見える。火山性のクレータのみならず、大小さまざまな彗星等が衝突したことが窺える。

(4)惑星探査機「はやぶさ」の着陸と帰還と小惑星の方向転換

過ぐる平成一五年、二〇〇三年五月九日、国産ロケット「M5」五号機で打ち上げられた惑星探査機「はやぶさ」が、大きさ五〇〇メートル以下の小惑星イトカワに約二〇億キロ航行し、平成一七年一一月二〇日に着陸した。

その砂粒を採取後、紆余曲折、往復約六〇億キロを七年一ヵ月余りかけて、平成二二年六月一三日に無事、地球に帰還した。六〇億キロといっても、人の想定できる距離ではない。秒速三〇万キロの光の速さで約五時間半相当である。省エネ型の新イオンエンジンによる世界的な宇宙旅行となった。

オーストラリア南部の上空で秒速一二キロで大気圏に再突入した重さ五〇〇キロの「はやぶさ」は燃えつき消えたが、中のカプセル(重さ一七キロ、直径四〇センチ)は無事回収された。姿勢制御装置等の故障を乗り越えての帰還であった。

鳩山連立内閣に間に合わず、後継、菅内閣に間に合ったが、まもなく国会は閉会を迎えようとしていた。惑星探査機「はやぶさ」等の観測、調査が、いつの日か、危険な彗星等の解析に役立つことをも願うものである。

宇宙基本法(平成二〇年五月二八日法律第四三号)は、日本の宇宙開発、利用に関しての基本となる枠組みを、日本国憲法の平和主義の理念を踏まえ、環境との調和に配慮しながら定めている。宇宙開発戦略本部長は内閣総理大臣をもってあてるとした。

緑の地球内部で武力で威嚇《いかく》したり、戦争等からは転向して、大宇宙に目を転ずる時がきたとはいえないだろうか。

万一、絶対絶命の場に立ち、彗星回避に全力を挙げるとき、人類が平和を求め戦争・威嚇をやめる時、宇宙創造の大自然の波動が働き、無事、彗星も衝突の軌道から遠くはなれ、地球には平和がよみがえっていることを祈りたい。

四——世界平和

1　歴史の転換点

平成二一年八月三〇日の衆議院議員選挙で、ほぼ、マスコミの予測どおり、民主党が三〇八議席（三分の二未満）の安定多数を獲得し、政権与党となった。この議席は自民党が、前の第四四回衆議院議員総選挙で郵政選挙と呼ばれた時に獲得した議席二九六議席をも、しのぐものであった。ただし、与党の公明党三一議席を加えると、三二七議席となり、改選数四八〇人の三分の二を超え絶対安定多数を得ていた。

今回の第四五回衆議院議員総選挙では、これが逆転状態となり、国民の選挙の洗礼を受けた直近の国民の意思を反映した構成員（代議士）による国会となった。立法府・国会には新しいエネルギーが注入されたのである。

良識の府といわれる参議院は、各党共に単独での過半数を得られていなかった。そこで、連立与党の船出となった。民主党・社民党・国民新党による鳩山連立内閣の誕生である。

半世紀以上にわたり政権を維持した自民党を中心とする内閣は元総理、日本国憲法を制定した吉田茂を祖父に持つ麻生内閣が区切りとなった。総理麻生太郎自民党総裁、島村宜伸自民党総裁特別補佐が歴史の転換点に立った。

鳩山内閣もまた、日ソ国交回復・国連加盟を果たした鳩山一郎元総理を祖父に持つ「友愛」連立内閣となった。鳩山連立内閣は民主党、社民党、国民新党との間に連立合意のもとの船出となった。「コンクリートから人へ」、「脱官僚依存」を基礎とした。共産党は建設的野党の旨を宣言した。

2 「友愛」連立内閣の出現

三党連立は意見の相違により不安定ではないかと危惧《きぐ》された点もあったが、その合意は硬く、逆に、三角形の安定内閣ともなった。また、やじろべぇ内閣とも見え、柔軟性を帯びており、鳩山由紀夫代表を中心に、亀井静香代表、福島瑞穂党首と、内閣の運営が活性化した。命を守り、自立と共生を築く「新しい公共」の船出と期待された。

3 鳩山（一郎）後継内閣と石橋湛山

(1) 大正デモクラシーと小欲を捨てるの論陣

石橋湛山は、大正年間に「東洋経済＝東洋経済新報社」の社説（要旨）で、第一次世界大戦参戦と対華二一ヶ条要求についての論説のなかで、領土侵略政策の敢行や軽薄な挙国一致論は世界を敵に廻し、得た物の喪失のみならず、元も子もなく取り上げられる旨を述べ、帝国一〇〇年の禍根になると述べている。小欲（満州等）を捨てることで、世界の信頼を得られると説いた。軍歴（陸軍歩兵少尉等）の経験があった。

また、中央集権、画一主義、官僚万能主義等を根本的に改革して、中央集権主義から、できるだけ地方分権の政治にするべきであると説いた。いずれも、帝国憲法下の時代である。今から見れば、ジャーナリスト石橋湛山のこれらの予測はすべて的中した。

（2）進駐軍経費の削減等を要求した心臓大臣

第一次吉田内閣（昭和二一年）の大蔵大臣在任時、石橋大臣は、進駐軍経費が巨額であったため、米国に、これらの負担の引き下げ、削減を要求して、国民からは心臓大臣と呼ばれたという。

また、戦後の昭和二九年の第一次鳩山（一郎）内閣の通商産業大臣に就任した石橋湛山は、中華人民共和国、ソビエト社会主義共和国連邦との国交回復等を主張した。米国の猛反発を受けるが、これを無視する旨を鳩山総理に進言した。

（3）第三次鳩山内閣と友愛主義

昭和三〇年一一月に第三次鳩山内閣を組閣した鳩山一郎総理は、その政治理念として、相互尊重、相互理解、相互扶助の三相互に基づく「友愛主義」を掲げ、人類愛に根ざした助け合いの心を後世に残した。この祖父の理念を引き継ぎ深化させようと努力したのが、鳩山由紀夫前総理であったといえよう。

昭和三一年一〇月一九日、日ソ共同宣言が出され、日本とソ連の国交正常化がなされた。サンフランシスコ条約で出来ていなかった日ソ国交回復が条約により明確化され、国連の安保理事会で拒否権を有するソ連が日本の国際連合への加盟を支持する側に廻ったのである。

一九五六年（昭和三一年）一二月の国連総会では、全会一致で日本の加盟が承認された。ここに日本は独立国として、国際社会からも認められた。ただ、北方領土に関する国境確定問題は後世に委ねられた。この国際連合加盟が実現できたことを、区切りとして、鳩山内閣は総辞職し、石橋湛山内閣に引き継がれた。

（4） 石橋湛山内閣の誕生

一九五六年（昭和三一年）一二月、鳩山総理の引退を受けて、自由民主党第二代総裁に当選したのが第五五代、石橋湛山内閣総理大臣であった。

石橋湛山は、鳩山自由党の政策委員長であった一時期（一九五三年の総選挙時）は、憲法に、戦争否定の精神は国策として存置するも、戦争防止のため自衛軍を組織する旨を国策として、まとめていた。

翌年昭和二九年、防衛庁・自衛隊が発足した。

石橋湛山は米ソ日中平和同盟を提唱後は、再び、平和憲法維持を強調し、各国の軍備ではない国際警察軍により平和を守る「世界連邦」実現へむけての努力を説いた。

石橋内閣は石橋湛山ご本人の病気のため、約二ヵ月余の短い内閣となった。後、健康回復。勲一等旭日大綬章。昭和四三年、立正大学学長を退任。なお、鳩山一郎氏は昭和三四年、大勲位菊花大綬章。

4　金閣寺住職・有馬頼底 猊下

平成二二年、京都の金閣寺・銀閣寺のご住職、有馬頼底猊下《げいか》をお訪ねした。相国寺管長であり、相国大龍とも称される禅僧である。名刺こそ金文字であったが、通された、お住まいの大光明寺の居間は、禅風の簡素な美を放っていた。頼底（本名は永頼）禅師は、八歳で得度され、山の如き苦労を乗り越えられた行の人である。どん底を生かし、徹底せよとの教えを含む御尊名である。親族の伯父や老師に深く感謝されている。

なお、猊下は学習院初等科までは、今上陛下のご学友に選ばれておられたとのことである。中国、韓国、北朝鮮、カンボジア、インド、欧米等々、多くの国々を、地域を訪れ、先の大戦で亡くなられた犠牲者の御霊を供養し、巡礼してこられた。供養する心は平和の心であり、万国共通の慈愛の心であると。

禅師は、戦争の歯止めとなり、戦争に巻き込まれないための、日本国憲法の第九条こそは、なんとしてでも、守り通さなければいけないと語っておられる。京都仏教会の会長でもある。

筆者が、先の大戦争で戦死された人、あるいは殺した人、殺された人は、救われるものなのかをお尋ねしたところ、「いかなることがあろうとも、話し合いでの解決を目指すべきであり、戦争をしてはならない。しかしながら、過去の戦争で戦死した方々は、その身を捧げたのであり、その犠牲により、親兄弟、妻子の幸福を願っていた。このことは、釈迦が、前世において、飢えた虎に自ら身を投げて、その虎を生かした行為にも通ずる」とのお話であった。

また、「戦争で敵を殺したことは、戦争を始めた国家組織に責任があり、個々人に責任はない」と。

上官の命令で、心で謝りながら、人を殺さざるを得なかった将兵もいたことだろう。戦争の非情な圧力は、人間性を押しつぶして行くのである。

ところで、国民にはすべて、兵役の義務があり、逃れることは原則できなかった。共に故人となったが、伯父の一人は軍医（生還後、医博）であったが、一分でも長生きしてもらうことが当時の医師の務めだったようだ。が、片や、戦争状態の中での人命救助とは一体なんであろうかと迷ったこともあったのではなかろうか。命の価値の普遍性では皆同じ人間だからである。

父は特攻基地にいた。B29爆撃機の急襲音を、とっさに判別、一兵卒ながら超法規的に避難命令を発し、人命も助かったと聞く。終戦も近い日の頃であった。特攻出撃により国に殉じられた多くの御霊に、今また、深く哀悼の意を表する。空中戦で墜落した米軍機には女性の通信兵や少年兵がいたともいわれる。

当時は敵味方と分かれたが、今は同盟・友好国である。あわせてご冥福を祈ると共に、再びこのような惨禍が起こらないようにと願わずにはおれない。

5　ブッシュ、アメリカ大統領と金閣寺庭園

当時の小泉総理と共に、ブッシュ、アメリカ大統領（当時）がローラ夫人とともに、金

閣寺を訪問されたときのお話もお伺いした。ブッシュ大統領は、金閣寺を浮かべる、その庭園の湖面を、じっと見つめながら、沈痛の影を宿した面持ちで「日本は平和ですねぇー」と語られたという。

大統領も世界の平和の大切さは、よく理解されていたようだとの印象を語られた。日本国憲法は、特異な状況下で制定されたものではあるが、内閣が議会に責任を持つというイギリス流の議院内閣制を取り入れつつも、アメリカの影響が極めて大きいことは論をまたない。アメリカにも憲法九条の如きものがあれば、世論等がどうであれ、イラクへの攻撃はなかったにちがいない。ローマ法王ヨハネパウロ二世の平和への最後の祈りが、そのテレビ映像は今後も生き続けるにちがいない。

6　フィリピン、キリノ大統領と「ああモンテンルパの夜は更けて」

(1)　フィリピン政府のキリノ大統領の特赦

日本が、占領管理体制から離脱するのは、昭和二七年（一九五二年）吉田内閣時の、サンフランシスコ平和条約の発効である。ようやく日本が立ち上がったのである。この年の九月、渡辺はま子、宇都美清による、♪「ああモンテンルパの夜は更けて」が巷に流れてくる。フィリピン・モンテンルパの丘で、いわゆる戦犯として死刑判決等を受けた日本人一一一名を超える望郷の祈りの歌であった。作詞は代田銀太郎、作曲は伊東正康（後、陸将）であった。

渡辺はま子や日本人教誨師、加賀尾秀忍ら、関係者の真心は、いつしか、国交の途絶えたフィリピン政府のエルピディオ・キリノ大統領の特赦につながり、復員兵として、絶望の渕から、故国・日本の土を踏むことができたのである。

なお、教誨師が釈放の請願をしたキリノ大統領は、かつて、太平洋戦争中に妻子四人を殺されていたという。法律のみでは救えなかった恨みと復讐の念は、♪「ああモンテンルパの夜は更けて」の中に、解かれたのである。

五――鳩山総理とオバマ米国大統領

1　核兵器のない平和な世界

鳩山総理は、ノーベル平和賞受賞のバラク・オバマ米国大統領と時期を同じくして、世界の海、いや宇宙の大海で、地球の舵取りの任務を委託された栄えある舟師ともいえよう。オバマ米国大統領は、二〇〇九年一月二〇日、奴隷解放宣言がなされた、リンカーン碑のまえで就任演説を行なった。

奴隷解放は一八六五年、米国憲法修正第一三条に明記された。

戦火の犠牲者の上に出来た現在の日本国憲法は人権の保障に満ち、具体的に民法第一条の三でも「私権の享有は出生に始まる」と、権利能力の始期を定め、生まれたときから、国民を奴隷から解放している。

オバマ米国大統領は「世界は変えられる」と、二〇〇九年四月、チェコのプラハで「核兵器のない平和な世界を」と世界に向けて宣言した。北朝鮮がミサイル発射をした直後のことであった。

同二〇〇九年九月には、国連安全保障理事会首脳会合で鳩山首相も、非核三原則堅持を演説し、核兵器廃絶へ向けての宣言が全会一致で採択された。

2　オバマ米国大統領とロシアのメドベージェフ大統領

オバマ米国大統領は、二〇一〇年四月八日には、昨年のチェコの首都プラハでの宣言の具体化として、米国とロシアとの核軍縮の新調印を達成した。オバマ米大統領とロシアのメドベージェフ大統領は核軍縮新条約で、両国の戦略核を約三分の一削減すること等の条約に署名された。より安心な地球に向けて、両核大国が駒を進めたことは、人類に希望を与えるものといえよう。

それでも、米ロ戦略核弾頭が各々一五五〇発も残っている。核テロ、偶然誤射、彗星の大激突等、持つが故の「危険度の認識」が、「心理的な核抑止力」を超えてしまうとの認識もある。

平成二二年四月六日、オバマ大統領は核戦略見直し（NPR）の中で、新たな核弾頭開発はせず、核兵器が存在しない日を追求、前進するとの声明を出された。唯一の被爆国日本の鳩山総理も、オバマ大統領声明に大変勇気づけられると賛同の意を表された。

自国領内に核爆弾等を保存しておくだけでも、誤爆発の危険等を考えると、危険極まりないとの認識も出てくるのではなかろうか。

3　核不拡散条約（NPT）再検討会議

平成二二年五月二八日、核不拡散条約（NPT）再検討会議がニューヨーク国連本部で開催され、カバチュクラン議長（フィリピン国連大使）は、「この最終原案（六四項目の行動計画を含む）が全会一致で採択されました」と宣言した。北朝鮮が核を完全放棄し、NPTに一刻も早く復帰すること等が要請された。核保有国の核軍縮と非核保有国の核不拡散体制により核廃絶の人類の悲願が達成されることを祈りたい。

核戦争に備えるため、核シェルターの防衛網を広げるよりも、核廃絶に向かって世界が前進することが、はるかに効果的である

核保有国は核物質がテロ行為に使われる脅威に、新たに脅え始めたのである。核廃絶へ世界は重い腰を上げ始めたのである。

科学の発達は、コンピューター、核技術を特段に進化させたが、その到達点が、究極的には核廃絶であることに人類は気づき始めたのである。

オバマ米国大統領は、平和への高い理想を掲げながらも、早期解決を目指してのアフガニスタンへの三万人の兵力増加という苦渋の現実的対応を迫られた。

が、平成二二年九月一日午前九時（日本時間）より、オバマ米国大統領は、ホワイトハウスから世界に向け、七年ぶりに、イラク戦闘終了宣言を発し、イラク戦闘部隊に対して、撤退を命じた。オバマ大統領ならではの、米国民に対する思いやりに満ちたものであった。

内容は異なるが、鳩山友愛内閣も、表面的にはともかく、日本国民に対して思いやりの

深い内閣であったことは、特筆されるべきであろう。

4　米国の「国民皆保険」への歴史的転換

昨年一二月、上院を通過していた、オバマ政権の最重要法案「米医療保険法案」を三月二一日夜（日本時間で平成二二年三月二二日午前）に下院本会議で過半数を突破して、可決された。約一世紀にわたる試練を経ての「国民皆保険」への歴史的転換が、米ホワイトハウスにおけるバラク・オバマ大統領の署名を得て成立した。

国民生活を重視した米国政府と日本の国民生活第一を掲げた連立内閣の目指したところは、不思議と焦点を結んでいる。ちなみに、日本の「国民皆保険制度」は昭和三六年四月の池田内閣で成立していた。

六――司法権について

(1) 非政治的権力・司法

憲法第六章第七六条から第八二条の公開裁判を受ける権利等までを司法は定める。法の支配を定める司法は、国民の選挙には基づかない非政治的な権力である。最高裁判所長官は内閣から指名され、天皇が任命する。長官以外の裁判官は内閣の任命である。下級裁判所の裁判官は、最高裁判所の指名した者の名簿によって内閣でこれを任命する。

裁判所法は法律上の争訟を裁判すると定める。法令の適用により終局的に解決できる争訟である。

(2) 国民審査制度

裁判官は国民による選挙で選ばれていないが、最高裁判所の裁判官の任命は、任命後の初の衆議院議員総選挙の際の国民審査に付され、一〇年後も同様に、投票者の多数が裁判官の罷免を可とするときは罷免されるが、今日まで罷免されたものはいない。国民による司法の審査装置である。憲法第七九条第二項である。

(3) 違憲立法審査権

日本の三権分立の原理から、司法に関しては憲法第六章第七六条にすべて司法権は最高裁判所と法律の定める下級裁判所に属すると謳《うた》った。最高裁判所は違憲立法審査権を有し、国会で成立した法律、行政機関による立法である命令、規則、条例等、そして条約が憲法に適合しているか否かを決める終審裁判所であり、憲法の番人と呼ばれる。

日本には「憲法裁判所」なるものはない。よって、裁判所は具体的な争訟事件の中で必要なときには憲法判断を行なうが、国会や内閣による制定法には敬意を払い、違憲審査権は抑制的に行使される。

(4) 前審としての行政機関

ところで、憲法七六条第二項では、特別裁判所(旧憲法時代の軍法会議、皇室裁判所、行政裁判所)を設けることはできないが、行政機関が司法権に準じた形で前審としての裁判を行なうことができる。特許審判、海難審判、人事院の裁決、公正取引委員会の審決である。

(5) 司法に及ぼす三権分立の効果

司法の職権行使にあたり、裁判官も裁判所も国会や内閣から独立の存在である。行政機関や議会から懲戒を受けることもない。ただし、司法権のみが強権化されることになれば、国は、国民は、裁判官・裁判所の支配するところとなる。均衡と抑制をもたらす三権分立の効果が国を、国民を安心、安全ならしめるといえよう。

なお、職務の内容以外での態様等について、罷免の訴追を受けた裁判官は、国会（衆議院と参議院）の議員から選挙された裁判員で組織される「弾劾裁判所」で裁判されることになる。

(6) 司法権の限界

司法権の限界もある。審査対象が、私的団体の内部紛争等のうちで、法令の適用によっても終局的に解決できないものや、自治権を重んじる政党の内部紛争、自律的な法規範を有する特殊な部分社会の法律上の争訟には限界がある。

審判権の範囲、内容に関しても、立法府、行政府の合理的な裁量に委ねられる事項や、国民の審判を仰ぐべき、いわゆる政治問題の法理に該当する場合には司法権は及ばない。さらに、両議院や内閣等、憲法上、組織・運営に関する自律権が認められる独立的機関の内部運営に対しても同様に及ばない。

(7) 裁判員制度について

(1) 陪審制、参審制の制度

ところで、欧米には職業裁判官以外の一般の国民が民事・刑事事件の裁判にかかわる陪審制とか参審制という制度がある。日本にも戦前に存在はした。今日の刑事事件の裁判にかかわる裁判員制度に類似のものであった。市民の感覚が必要とされた。

陪審制度はイギリスで起こり、アメリカに定着したが、職業裁判官以外の一般の国民から選出された陪審員と呼ばれる人が、裁判の審理等に直接に参加する制度である。国民の意見を裁判に反映させ、より公正で民主的な裁判を目指そうという制度である。陪審員は有罪か無罪かを判断するが、量刑の判断はせず、その判断は裁判官がする。ドイツ、フランス、イタリアには、裁判官と協同で行なう参審制度があった。

(2) 日本の陪審制度

日本でも、大正一二年に陪審制度が設けられ、各地の裁判所には陪審法廷なるものが置かれて裁判の民衆化とも期待されたが、上訴制限等があり、また、被告人がこの制度を辞退する等で、一九四三年(昭和一八年)には停止となり、定着しなかった。以後、欧米のような国民が直接司法に関与する制度は民事・刑事共になかったのである。

(3) 日本の裁判員制度

それから、長い月日を経た平成一六年五月二一日、「裁判員の参加する刑事裁判に関する法律」が国会で成立、一部を除き、五年後の平成二一年五月二一日から施行された。通称、裁判員法が動き出したのである。立法府、行政府のように、国民からの選挙に基礎を置かない司法が民主的に実現され、国民から遊離しないようにとの日本独自の制度である。

さて、司法権は最高裁判所及び法の定める下級裁判所に属するとし、検察官は、最高裁判所の定める規則に従う義務を有する旨を憲法は定める。裁判員は、裁判官と協同して、法廷に提出された、検察官による起訴状、被告人の有罪証明の証拠と弁護人からの証拠を基に検討して、事実を認定する。証拠の検討で罪を犯したことが立証されれば有罪、社会常識等から疑わしい場合には無罪とする。

裁判員制度は、一般の国民が、刑事裁判の過程に参加することで、裁判内容に国民の有する健全な社会常識が反映されて、司法が強固な国民的基盤を得られることを目指している。司法の中核をなす訴訟手続きに一般国民が参加する道が裁判員制度に具体化されたわけである。

つまり、裁判員は裁判官と協同して、有罪か無罪か、量刑の判断を事件ごとに行なうのである。また、裁判が短期間に決着し、連続開廷可能なように裁判手続きの前に、公判前整理手続きが裁判官、検察官、弁護人の出席のもとに非公開で行なわれる。争点の絞込み等が為され、審理の道筋が明らかにされる。

原則、専門の裁判官三名と日常感覚・常識の目を有した裁判員六人の合議制（計九名）である。地方裁判所における第一審の重大な犯罪に限定した刑事裁判である。なお、裁判員制度は民事裁判には関与しない。被告人には拒否権がない。

(4) 裁判員の選任方法

裁判員の選任方法であるが、地方裁判所から毎年九月一日までに管轄内の市区町村、選挙管理委員会に通知がなされる。通知を受けた市区町村の選挙管理委員会は、衆議院議員の選挙権を有する市区町村の選挙人名簿からくじにより裁判員候補予定者名簿を作成後、裁判員候補予定者名簿を地方裁判所に送付する。地方裁判所はこの裁判員候補予定者名簿から、毎年、裁判員候補者名簿を作成、各候補者にその旨を通知する。

さらに、事件ごとに地方裁判所は呼び出す裁判員候補者をくじで選定する。この裁判員候補者には質問票と呼び出し状が自宅に送付される。この質問票に回答して、地方裁判所に持参または返送する。

質問票の回答で、欠格事項（禁錮以上の受刑者等）、就職禁止事項（法曹、警察官等）、不適格事由（事件関与者等）に該当したり、辞退事由（七〇歳以上等）が認められたら呼び出しが取り消されることがある。

呼び出しを受け、出頭した裁判員候補者から裁判員と補充裁判員が選任されるわけであるが、裁判長は、この際、欠格事項（禁錮以上の受刑者等）の有無や辞退事由（七〇歳以上等）の有無、さらに、不公平な裁判をする恐れの有無等を判断するために、必要とされる質問を行なう。裁判所は、この質問に基づき選任しない者を決定後、不選任の決定がなされなかった裁判員候補者から、くじ等により必要な裁判員と補充裁判員を選任する。

(5) 公判準備、公判手続き

これらの選任手続きが終わったら、いよいよ公判準備、公判手続きに入って行く。裁判は原則、裁判官三名、裁判員六名の合議体でなされるが、公訴事実について争いがないと認められ、被告人が事実関係を争わない自白事件では、これより少ない裁判官一名、裁判員四名の計五名での審理が可能である。

裁判員には、裁判官と共に合議体を構成して、有罪もしくは無罪、又は少年事件で保護処分が適当と認める場合の家庭裁判所への移送決定の裁判で、事実の認定、法令の適用、刑の量刑についての裁判をする権限がある。

(6) 罰則と日当

裁判員に選任される段階での質問票の虚偽の記載や正当な理由も無く出頭しないと、罰金や過料が課される。

裁判員及び補充裁判員になったら、公判期日や証人尋問・検証が行なわれる公判準備の場への出廷義務がある。正当な理由なく出廷しないと過料が課される。評議にも出席して、意見を述べる。評議の秘密や職務上知り得た秘密は生涯漏らしてはならず、漏洩すると六ヵ月以下の懲役や罰金に処される。

ところで、裁判員、補充裁判員、及び選任手続きの期日に出頭の裁判員候補者には、旅費、日当、及び宿泊料が支給される。日当は、若干異なるが、概《おおむ》ね一万円以内である。これらは、雑所得として、必要経費として税務上申告が必要とされる。

(7) 裁判員制度への反対の意見と合憲判断

ところで、裁判員制度には反対の意見も出ていた。司法の民主化とは逆に、国家が個人の人生観等を無視し、強制的に作用するという危惧があるとか、専門の裁判官以外の者が加わるこの制度は裁判を受ける権利を侵害するとかいうものであった。

この制度に関する全国初の憲法判断が、殺人事件の控訴審判決で、平成二二年四月二十二日、東京高裁にて「刑事被告人の権利の侵害はない」として、合憲との判断を示し、被告側控訴が棄却された。

裁判員制度は、死刑を含む重大犯罪を裁くことになり、国民が抽象的な死刑制度ではなく、直接、具体的に死刑への判断に臨む場面に遭遇する可能性が出てくることになる。

七――立法府の役割について

1　国権の最高機関

（1）議院内閣制

立法府である国会は、内閣と連帯責任の関係にある。国会は衆議院、参議院の二院からなる。鳩山連立内閣時、各院の議長は次のとおりである。

「横路孝弘・第七三代衆議院議長、江田五月・第二七代参議院議長」

憲法第四章国会の冒頭、第四一条で「国会は国権の最高機関であって、国の唯一の立法機関である」と定める。このことは、国家権力である三権分立下の行政・司法に比較しているのではなく、政治的な美称であるとする説や、統括機関を指したものであるとの説がある。

衆議院四八〇人、参議院二四二人から成る二院制である。両議院議員を兼ねることはこの憲法が禁止している。なお、両議院議員兼務は旧帝国憲法でも禁止されていた。

国会すなわち立法府の役割は、予算を含め立法し法律を定めることにある。さらに、国政調査権を有する。このため、国会の権力のみが強化されれば、国は、国民は、国会議員の支配するところとなる。司法権、行政権との均衡・抑制が求められるゆえんである。なお、内閣は行政権の行使に対して、国会に対し連帯責任を負っている。

衆議院は小選挙区比例代表並立制をとり、議会の運営は、委員会が中心である。

衆議院は下院に相当し、総理の指名、予算の議決、条約の承認では絶対的な優越権がある。憲法改正では優越権がない。

衆議院の役員として、議長、副議長、仮議長、常任委員長、事務総長があり、これに、特別委員長、憲法審査会会長、政治倫理審査会会長を加えて役員等とする。議長、副議長は概ね、党籍を離脱する。

衆議院常任委員会の役員には、内閣委員長、総務委員長、法務委員長、外務委員長、財務金融委員長、文部科学委員長、厚生労働委員長、農林水産委員長、経済産業委員長、国土交通委員長、環境委員長、安全保障委員長、国家基本政策委員長、予算委員長、決算行政監視委員長、議院運営委員長、懲罰委員長がある。必要があれば、特別委員会が設けられる。

参議院の役員として、議長、副議長、事務総長がある。議長、副議長は慣例により、会派を離脱し、無所属となる。議会の種類としては上院である。委員会中心主義は両院とも同じである。憲法改正案の議決については、両院ともに完全対等である。

参議院の常任委員会の役員には、内閣委員長、総務委員長、法務委員長、外交防衛委員長、財務金融委員長、文部科学委員長、厚生労働委員長、農林水産委員長、経済産業委員長、国土交通委員長、環境委員長、国家基本政策委員長、予算委員長、行政監視委員長、議院運営委員長、懲罰委員長がある。必要があれば、特別委員会・参議院調査会等が設けられる。

(2) 原則、両議院で可決する法律案

法律案は原則、両議院で可決しないと法律にならない。が、いわゆる与党が院の過半数を確保していないねじれ現象下で、参議院を通過しない場合がある。このときは、衆議院が出席議員の三分の二以上の多数での再議決をすれば、法律ができる。衆議院が優越しており、一院制型両院制となっている。

憲法六〇条は予算案は先に衆議院に提出し、衆議院を通過しても、参議院を通過しない場合や、予算案を受けて三〇日以内に議決しない場合には、衆議院の議決が国会の議決となる。つまり、国家予算の自然成立である。衆議院の超優越が出ている。これは、国民生活に即影響が及ぶからでもある。但し、予算が成立しても、これを執行に導く関連法律案が必要であり、なお運営には厳しいものがあろう。

(3) 異なる価値観を尊重した議論

各議院の勢力がどうであれ、はるか、一七条の憲法（六〇四年、推古一二年）も語るように議論を尽くして、法案を完成していけば良いだけの話であるが、現代は、多数決の原理もあり、少数意見も取り入れた法案成立が望まれるところである。異なる価値観や相手政党の異なる意見にも耳を傾け、協議する時代ともいえる。

また、これらの能率化も考えて、連立政権や法案政策ごとの部分連合が課題となってきている。

平成二二年七月三〇日退任されたばかりの江田五月参議院議長（前）が、BSフジのプライムニュースに出演されていた。その時の対談では、衆参ねじれ現象というけれども、憲法上に定めてある両議院の協議会を開き、話し合って解決するよき機会と述べておられた。そして、議長に在職中、この憲法上の協議会が開かれたことがないとも語られた。さらに、制度改正の話の前に、すでにあるこのような機能を生かしてゆくことを強く希望する旨を述べておられた。

私は、江田五月議長とは、正月、名詞を頂き、挨拶したことがあったが、立法府（参議院）の最高責任者にふさわしい方であるとの印象と安心感を覚えた。

(4) 時限立法「口蹄疫対策特別措置法案」を全会一致で可決

(1) 口蹄疫の予防、緊急対策

鳩山連立内閣は、宮崎県下での家畜（牛、豚等）の伝染病である、口蹄疫の被害拡大を防止するため、全閣僚参加の政府対策本部（本部長＝鳩山総理、副本部長＝赤松農水相、平野官房長官）を五月一七日発足させ、予備費から一〇〇〇億円規模の拠出をした。宮崎県庁に現地対策本部も設置した。防疫体制の強化、被害農家を経済的に支援する方針を打ち出した。

五月二六日には、口蹄疫の予防、緊急対策のため、衆議院農林水産委員会で、二〇一二年三月三一日までの時限立法「口蹄疫対策特別措置法案」を全会一致で可決した。二七日衆議院本会議を通過し、二八日の参議院本会議で可決成立した。

⑵ 宮崎県知事、非常事態全面解除

宮崎県は平成二二年七月二七日午前〇時、県庁において、家畜の移動制限を、外出自粛等の非常事態宣言と共に全面解除したことが報道された。ここにいたるまで、牛、豚等の二九万頭近くが殺処分された。関係者の断腸の思いがここにもある。

国際獣疫事務局（ＯＩＥ、パリに本部）により「口蹄疫が蔓延していない」と認められるところの清浄国への復帰申請（最後の殺処分から三ヵ月後）が可能となった。

(5) 刑法・刑事訴訟法の改正、施行

⑴ 公訴時効の撤廃

殺人罪等の公訴時効をなくす刑法・刑事訴訟法の改正がなされた。犯罪被害者遺族の無念の思いが結実したものといえる。

すでに参議院は通過していたが、平成二二年四月二七日、刑法・刑事訴訟法の改正がなされ、同日公布、即日施行となった。午前〇時以降に時効を迎える殺人罪等の公訴時効が撤廃された。平成七年四月二八日発生の岡山殺人事件の時効（改正以前は一五年）を目前にしての衆議院本会議での可決・成立であった。与党に加え、自民党、公明党も賛成に回った。

⑵ 時効期間の廃止と二倍延長

強盗殺人、汽車転覆致死罪等で法定刑に死刑を含む罪は、現在二五年（改正以前は一五年であった）の時効期間があるが、これが廃止となった。

強制わいせつ致死、集団強姦致死等の現在、無期懲役を含む罪は現行の一五年から三〇年と二倍に延長される。傷害致死、逮捕監禁致死罪等は現行一〇年から、二〇年と同様に延長される。業務上過失致死、自殺関与及び同意による殺人罪は現行五年から一〇年の二倍に延長される。

なお、この法律の施行時点で時効が完成していない事件についても本法の適用となる。この法律の改正でも、早期解決が望まれることには変わりはないが、時の流れとともに証拠の散逸・変質の防止、厳重な証拠の保全等の対策が望まれる。なによりも、望まれるのは、このような事件を防止する社会経済的対策、他人の生命、人権を尊重する社会の構築、教育も必要なことである。

なお、蛇足であるが、民事上の時効は現行のままである。

(6) 生命の尊重と死刑制度について

(1) 罪刑法定主義と太政官布告

憲法は、個人の生命・人権の尊重を高らかに謳っている。他者の命を奪ってはいけないと、いわば当然のことを定めたまでとも言える。が、このことは、実に多くの問題点を含み、矛盾をはらんでいる。

何人もしてはならない殺人行為自体がすべての矛盾を生み出す原因となっている。殺人行為をすること自体許されないわけである。このことは、さらに、関係者を悩ます因ともなっている。というのも、憲法三六条は残虐な刑罰を絶対禁止する一方、同三一条の罪刑法定主義、適正刑事手続きによらなければ「……その生命若しくは自由を奪われ、又はその他の刑罰を科せられない」と述べている。つまり、法定の適正手続きによるならば生命を奪うことができ、違憲とはならない旨を述べている。

これは、憲法九条が戦争放棄・平和を謳いながら、憲法に内在する自衛権を認めて、自衛隊は違憲ではないという解釈に類似する。いずれも紙は裏表で一体であり同じものという訳である。

死刑を残虐な刑と解しようとする立場からは、人道的な面からも死刑廃止論が浮上する。なお、犯罪成立の要件は違法かつ責任能力がなければならず、人を殺《あや》めても、狂人等で責任能力がない（心神喪失等）と判断された者は死刑相当と思えても罰されない。この場合も、犯罪被害者救済制度の充実などで十分な被害者への補償がされることが必要であろう。

刑法には、死刑を含む罪が一八条項に法定されており、死刑、すなわち絞首刑が定められている。死刑の執行方法は、明治六年の太政官布告六五条以来、絞首の方法がとられ、それは今もほぼ生きている。なお、明治政府では明治六年二月、「あだ討ち禁止令」が布告され、法的に仇討は禁止された。

(2) 江藤新平・司法卿（大臣）

なお、司法制度の確立に尽力しながら、死刑となった江藤新平・司法卿（現、法務大臣、最高裁判所長官）の存在がある。佐賀の乱に巻き込まれ、逮捕され、佐賀の臨時裁判所での二日間の裁判で結審、同日処刑された。

いまだ、憲法がなく、三権分立への方向を定めた頃の時代である。このことが、外国に対しては司法権の独立を疑われ、不平等な条約改正を目指すのに支障が出たともいわれる。

西郷隆盛と共に征韓論に敗れて、下野、翌年明治七年一月に、板垣退助らと共に「民選議院設立建白書＝国会開設」を提出した。翌月、佐賀の乱に巻き込まれ首領とされたのであった。一五年後に賊名を解かれた。明治四四年になり、功績表彰。

⑶　死刑の可能性がある一八条項

死刑の可能性がある一八条項（七七条の内乱罪～二四一条の強盗強姦致死罪、爆発物使用、決闘殺人、航空機強取致死、墜落致死、人質殺害に関する法、組織的犯罪処罰及び犯罪収益規制等法）の主な罪とは次のとおりである。

①　刑法七七条の内乱罪は政府を転覆する目的で暴動を起こし、未遂に終わった主謀者である。もっとも、革命が成功し新政権が樹立されたときは、立場は逆になる。国家の分水嶺といえよう。

②　刑法八一条の外患誘致罪は、刑法典のなかで最も重く、外国政府や軍隊（国を代表する機関）と通謀して日本国へ武力を行使させた者である。八二条は侵略国に援助を与えた場合である。

③　刑法一〇八条（現住建造物等放火罪）、一一九条（現住建造物等浸害罪）は、起臥寝食に使用され、犯人以外の人がいる建造物等に放火したり、水を氾濫させて、浸害せしめる行為で公共危険罪である。一一九条の目的物には「艦船」は含まれない。

④　一一七条（激発物破裂罪）、一二六条（船車覆没致死罪＝列車、船の転覆等）、一二七条（往来危険による船車覆没致死罪）、爆発物取締罰則一条（爆発物使用）がある。

⑤　一四六条（水道毒物混入致死罪）、一九九条（殺人罪）、二四〇条（強盗致死罪）、二四

一条（強盗強姦致死罪）である。なお、尊属殺人罪（二〇〇条）は法の下の平等に反するとの最高裁判所の判決を受けて、最終的には、国会での刑法改正によりこの条文は削除された。

⑥ 決闘殺人罪、人質殺害（人質による強要行為等の処罰法）、航空機強取等致死罪（航空機強取等処罰法）、航空機墜落・転覆・覆没・破壊による致死罪（航空の危険行為等処罰法）、組織的殺人罪（組織的犯罪処罰及び犯罪収益規制等法）

ところで、以上は国内法である。が、戦争も国際法を守ることから始まる。宣戦布告から講和まで、捕虜の虐待防止や非戦闘員を殺すべからず等々である。戦争状態になれば殺傷行為自体が罪に問われるどころか、逆に英雄視されることにもなる。ルールを守る国ならば戦争自体するべきではないだろう。なんとも矛盾した人間の業としか言いようがない。

(4) 死刑に関係する官職

死刑の可能性がある場合、憲法の罪刑法定主義の原則のもと、警察官が、真正な犯人を検挙して、検察官の死刑の求刑により厳格な裁判のもと、司法機関である裁判官が死刑の判決をする。さらに行政機関である法務大臣の承認を得て、刑務官が絞首刑を執り行なう。

現在、絞首に至る執行の押しボタンは、複数人が関与し、どの刑務官によるとも明らかになることはない。検察官や医務官の立ち会い、教誨師の引導、読経で供養される。社会秩序を乱した者への、極限の制裁である。元来、死刑廃止論者である千葉景子法務大臣（当時）は、今もこの問題に関し、真剣に、国民の討議を求めておられる。

(5) 遺族の嘆きと苦しみ

遺族の悲しみ、苦悩は計り知れないものがある。ある被害者の父が子供を交通事故で失った時、抑えきれず加害者に対し同様にして責任を取って欲しいと話したと聞いたことがあった。無論、法治国家である以上、自力救済が許されるわけはない。新たな殺人罪に問われることになる。

運転を誤った交通事故といえども、それほど、被害者の遺族の感情は強烈なものがある。被害者側と関係者のすべてを納得させる法の裁き・調整が求められるわけである。

対岸のこととして見るには気を留める人もないかもしれないが、これらに法を介して直接関わる人々には躊躇もあるはずである。重罪人といえども、やはり、命ある人間であるということである。国家の法により断罪することだから、警察官、検察官、裁判官、法務大臣、刑務官等の役を果たさねばならない個人個人に責任がないことは当然である。

しかしながら、一人の人間同士として、被告人があまりにも不遇な環境等に暮らしていた場合等に思いをめぐらすときに、深い反省の念をもち、明白にその罪を悔いている者を刑死させることに、躊躇の念を持つ人も、いるのではなかろうか。

人間の行動はその人の個性と環境が決めると心理学は教える。まして、これが、誤判であれば取り返しのつかないこととなる。被害者の無念を思うとき、その法や遺族との板ばさみに、人知れず悩むこともあるのではないだろうか。そのようなことに悩む恐れのある者は裁判官、法務大臣等になるべきではなく、また、辞退すべきだという意見もあるだろう。現に、近隣の台湾の法務大臣は辞職されたという報道もあった。

⑹ 判検事の苦悩等

偶然、テレビでお見かけした、死刑を求刑した、ある退職後の検事は、「加害者が深く反省し、もはや、完全に再犯の恐れはゼロと判定される者に死を以って報わせることに、官吏の職務としては、やむなしとしても、一人の人間としてならば、できない。自分は弱い検事だった」旨を述べておられた。

が、むしろ尊敬されるべき検事だったのではないか。さらに、死刑執行の現場に立ち会われており、犯罪抑止のためには死刑制度が必要との多くの世論（八割以上）に対しては、「抽象的な死刑が考えられているのではないか」と。なお、当の加害者に死刑が執行された後、その母も自殺されたとのことであった。

今日、親子兄弟といえども、別々な独立した人格であり、連帯的な責任などはない。けれども、人間は社会的な存在である。家族の社会的な存在までも間接的な形とはいえ、奪うことはできないだろう。

また、偶然、新聞を見て目にとまったのであるが、ある退職後の判事は、自らの心証は無罪の方が強かったが、裁判官の多数決の意見に従い、法に基づき死刑の判決文を書いた。無実だと心証のある被告への死刑の言い渡しに悩まされ、辞職を決意、自殺未遂までにいたったという。今は、その方の再審請求の支援をされているとのことである。

法により生殺与奪の強い権限を付与されながら、このような裁判官や検察官の存在に安堵を覚えると同時に、これら官職の苦悩、苦しみを解く方策が必要ではなかろうかとの思いを深くする。裁判官の良心、独立は憲法の保証があるはずであるが、一致しなければ、判決は多数決となる。

なお、ある世論調査では、八割以上が死刑の判決にもかかわる裁判員制度には不安で、参加したくないとの回答もあった由である。

憲法一九条は思想及び良心の自由は侵してはならないと述べ、二〇条では信教の自由を何人にも保障している。現行の裁判員制度で、思想信条に基づく辞退が容易に認められない点に危惧を覚える人もある。死刑制度が廃止されたら、このような反対はなくなるのではないか。

このように死をめぐる問題となると、教誨師はむろん、どうしても人道・信仰心とも不可分な存在となる。

(7) 親鸞と悪人正機説

憲法は政教分離の原則を掲げており、ここで宗教を布教するものでもない。その底に湛える知恵に思いをいたすのである。

絶望に嘆く人への曙

まもなく、鎌倉時代の動乱の世に、念仏信仰により人々を導いた親鸞聖人（一一七三年～一二六二年）の没後七五〇年を迎える。平成二二年四月末から五月末までに日本橋三越本店で「親鸞展：東京新聞主催」が開かれていた。現在の東西本願寺等の祖である。その親鸞は師、法然らと共に、法難に遭遇した。代表作に「顕浄土真実教行証文類＝教行信証」がある。個人の心の救済に徹した。

親鸞展では予想外に、若い人も多く、たくさんの人々が、見えていたのには驚いた。

親鸞とその弟子唯円との問答を再現したともいうべきものに「嘆異抄」がある。これは、長く、門外不出とされ、信仰心のないものにみだりに見せてはならないとされたものであった。

中世の僧（一四一五～九九年）で第八世門主の蓮如は、宿善の機縁がない者には左右だれにでも見せるべきでないと奥書した。江戸時代の真宗学者の妙音院了詳、真宗大学初代学長の清沢満之、現代では、哲学者の梅原猛氏によりその価値が再現された。

あるとき、弟子の唯円（もっとも、親鸞は弟子一人ももたないといっているので、御同行といったがよいのかも）に、人を殺せるかと聞いたところ、弟子唯円は、とんでもありません、一人も殺せませんと答える。これに対して「それは、唯円坊が善人だから殺せないのではない、そのような因縁がないからだ」と諭《さと》すのである。

今風にいえば、過失や、正当防衛や、緊急避難、役人に課せられた死刑の宣告・執行、当時の戦争における戦闘行為等の因縁であった。論外とはいえ、無実の死罪を負わせる場合もないとはいえなかった。故意とはいえ、一時の感情にとりつかれ、殺人をした場合、深い反省の念にかられ、自殺寸前まで自らを追い詰めて、罪を認め刑に服し、苦しむ者にも親鸞の救済の光は射し染めていたに違いない。

結果的に見れば、法的には無罪となっても、犯罪そのものを構成しなくても、自己の意思に反して人を殺してしまう場合が出てくる。親鸞の質問の意図は、上記のような場合ではなかったかと推測する。武家政権となり、合戦を交えれば、切るか切られるかの生死の修羅場があり、そこを潜り抜けた武家たちにも救いの場が必要であったといえよう。

このような人間世界を喝破した親鸞は、悪人を正客とする「悪人正機説」を唱え、善人ともども仏の救済にあずかれる道を説いたのである。善因善果が理想ではあっても、心ならずも、悪行を重ね、救われがたき身と絶望に嘆く人への曙《あけぼの》となった。

親鸞は何が善であるか、悪であるかを知らないと述べ、仏を信じ委ねることで救われると悪人成仏の教えを解き放ったのである。耕作すれば、虫を殺し、網を打っては魚介類を採り、合戦になれば、人を切らねば前に進めなかった人間の業の深さを知らしめたのである。

なお、親鸞は悪への誤解を招かないように、薬があるからと言って毒を好んではならないとも戒めた。

一方、西側の言葉も「隣人を愛し、悪人や敵をも愛し、迫害するもののために祈れ」と説き、原罪が許される道を指し示した。

また、インドには、鳩山総理も敬愛しておられる（平成二二年一月二九日施政方針演説、衆参本会議場）、イギリスの植民地支配からの独立に際し、非暴力の抵抗運動を掲げたマハトマ（偉大な魂）、ガンジイーが存在した。ガンジイーは、自己犠牲のほうが、他人を犠牲にするよりは比較にならぬほど、まさっていると自叙伝で説いた。

独立運動の際の糸車の心を秘めた法輪を中央に配するインドの国旗は、いまなお、「非暴力主義」の人類の理想をはためかせているといえよう。

⑻　あだ討ちの制度から剣道へ

江戸時代には喧嘩両成敗を補完する形で、あだ討ちは制度化されていた。奉行所への届出が必要とされた。親を殺された子が、敵という武士を見つけて、これを討ち果たすというものであった。鎌倉時代初期の曽我兄弟の仇討ちは今も世に知られる。江戸、元禄時代の赤穂の事件、忠臣蔵も、主君に対する忠義のあだ討ちとして、毎年、テレビ等に登場する。

後日この制度は廃止されたという。人を殺すあだ討ち等は、後の世に人を生かす「剣道」に生まれ変わったといえよう。人を生かす剣の道、活人剣となった。

昔ある剣道部の生徒（級友）は、試合で頭をたたかれるのが修業だと言っていたが、感服して聞いた。

今の世には役に立つことも少なくなったようでもあるが、（故）伯父の一人は、東京オリンピック（昭和三九年）の公開競技、剣道の審判をしたと聞く。（後、剣道師範）

(9) 怨みは、怨みなきに帰せよ

殺された敵の子が、これにまた恨みを結ぶ。このように怨みは怨みを呼び果てることがない。怨嗟の因縁が地獄への車のごとく、悲しき業を手繰り寄せて災いしていくのである。それから離脱するには、「怨みは、怨みなきに帰せしめよ」と説く親鸞たち、仏道を行じる実践の声がある。

今も、親鸞の教えを受け継ぐ、東西本願寺は、裁判員制度における司法の場には消極的のようである。特に、東本願寺真宗大谷派は、死刑制度に反対のようである。なぜなら、悪人正機説を説きながら、どうして人を裁くことができようかとの思いではなかろうか。ましてや、死刑判決もありうるとなると、なおさらのことであろう。

一切の殺生を禁ずる仏法と、社会秩序の維持には裁かねばならぬ国法（刑法）との板ばさみである。もっとも仏教にも戒律はある。

被害者側の立場からは、いかにすれば、その憤怒と絶望から救われるだろうか。加害者が、被害者、遺族に深く罪をわびることは当然である。そして、犯罪被害者救済制度の充実と十分な活用の道である。犯罪被害者等給付金支給法、犯罪被害者保護二法などをさらに検討し、被害者に答えることも、大切である。

恨みや悲しみの増幅、深刻な精神的打撃により一月以上も継続する、戦場の兵士が受けると同様なＰＴＳＤ（心的外傷後ストレス障害）に落ち込まないような配慮・支援が求められよう。

残念なことにも、加害者が死刑の判決を受け、仮に遺族の目の前で、刑が執行されても、被害者が生きて帰って来ることはない。

以下は、仮定の域を出ないが、殺された被害者自身と残された遺族は、必ずしも同じ感情ではないかもしれない。遺族は死刑を望んでも、被害者本人から（仮に死後、心魂があるとすれば）、犯罪者は長期の刑罰を十分受けることになり、遺族にも十分な補償がなされ、その深い反省の感情が伝わってきているので、これ以上、死刑にしなくても良いという方もおられるのではなかろうか。時効も今年、廃止された。

憤怒により死刑を望むこと、そのことがまた因縁となっては行かないだろうか。親鸞は再び答えるにちがいない。怨みは恨みを呼び果てしもない、恨みは怨みなきに帰し、すべては仏にゆだねよと。ある教えにも「多く許すものは多く許されるだろう」という意味の言葉があった。

⑽ 臓器提供の意思と死刑回避策について

さて、改正臓器移植法がこの平成二二年七月一七日から施行された。本人の臓器提供の意思が不明な場合でも、家族の承諾があれば脳死後の臓器提供が可能となり、一五歳未満の人でも、臓器提供ができるようになった。臓器移植の場合にのみ、脳死即人の死となる。

ところで、死刑相当の宣告を受けた場合、終身刑や、本人が望み、共に同意が得られるならば、逆に罪滅ぼしの一端として、自らの一部か片方を、病苦で苦悩する人に提供して、死刑にするよりは、新たに生かす道は無理なのであろうか。死刑という刑罰が犯罪の抑止に役立つという人もいれば、最近は死刑になりたくて凶悪犯罪に走る者もあるともいう。

一番望まれることは、犯罪が起こらない社会の構築であることを忘れてはなるまい。最近の若い人の声も含めて人の役に立ちたいとの声も多く、人間社会には大勢の頼もしい人々が多数存在している。

少なくとも、社会・経済的な理由で凶悪犯罪に走る世の中にしてはなるまい。今日の貧富等の格差をなくそうという政治の方向は間違っているとは思えない。

⑾ 命を尊ぶ物差

人間の命の尊さは普遍的なものであり、これは国際基準になりうる。そうであるならば、戦争など起こるはずもないのだが、歴史の舞台から戦争が消えたわけではない。いまだ人間世界は進化の途中なのだろうか。

人間の善悪を、平和な国内で測る場合、わが国の統一の過程での内戦である「関が原の戦い」、「西南戦争」、そして、国際的な舞台での「太平洋戦争」等の場合、それぞれに対応した物差が存在するに違いない。矛盾の物差しが、単純な一本の命を尊ぶ物差しとなることを願うものである。

(7) 冤罪と誤判の元

(1) 過去の再現の困難と結果裁判の多数決

常識的には、三審制下の裁判という厳格性のもとに、すべて行なわれるので裁判官の全員一致であれば、まず問題の余地はないように思われる。が、真正な過去の事実を再現することは、困難を極めることも多いような気がする。時間は常に流れている。

昔のことわざに、中国・楚の人が動く船の上から、水面へ剣を落とし、その船の落とした所に刻みをいれ、落下の剣を探した故事（『呂氏春秋《りょしし》』察今）を想起させる。

関係・証言者の記憶の薄れ、証拠物の変質、紛失の可能性もあれば、無関係な偶然の一致の招来等、時間の経過とともに困難性は増してゆく。しかしながら天地に刻まれた本人のレコードがあると仮定すれば、その裁きは免《まぬか》れまい。

合議審での意見、判断が異なるときには、裁判官の多数決となる。最高裁判所小法廷（第一～三小法廷、各々五人での構成）での判決の場合も多数決がある。最高裁判所大法廷（裁判官一五人の構成）でも、終審裁判所として、具体的事件の中で法律・規則等の憲法違反を含む判決を出す場合も、八人以上の裁判官の意見の一致が必要である。ここでも多数決の原理が採用されている。

(2) 冤罪について

冤罪《えんざい》というものがままある。菅家利和氏が最高裁で、無期懲役を受けていた。再審により、一七年半ぶりに宇都宮地裁で無罪判決を受けた足利事件である。同氏の「真白な判決」をとの期待通り、三人の裁判官は、長きにわたる自由を奪ったことへ深く頭をたれて謝罪されたのである。桜の花も満開になろうという平成二二年三月二六日のことであった。残念なことに真犯人は不明のままであった。

(3) 科学時代の誤認識

真実を語るＤＮＡ鑑定という科学への認識が不十分であったとされる。科学は信頼に値するものではあるが、その判別法や解読法が打ち立てられてなく、ＤＮＡ誤登録や錯誤があれば、間違ったままで、外観上完全な証拠になってしまう。検査する検体の保管や受け渡し、移動中で入れ替わったりすることもありうる。

優秀なスタッフを擁する病院でさえも、赤ちゃんを取り違えたり、手術の対象者や献体者を取り違えて手術したり、解剖したり等、まさかと思うことも報道されたことがある。今日、科学は発達して、パソコン等が普及して便利な世の中になってはきたが、パソコンへの入力ミスも発生することがありえる。数字や文字が錯覚により誤って入力されることもありうる。これでは、元のデータは真実でも、誤入力されると、誤ったままの外観上正しく見える結果が打ち出されてくる。

長さや角度を測ることさえ、真実は困難を極める。少なくとも、往復の二回測定し、平均値が求められる。が、測定単位をメートルとするのか、センチメートルにするのか、ミり単位とするのか、精度が、一〇〇分の一、一〇〇〇分の一……、どこまで必要なのか、目的によりその必要範囲は異なる。よくよく考えれば、真実は求めるほどに遠ざかってい く面もある。

PL法（製造物責任法）では、製造業者等の賠償責任の免責事由の一つに当時の科学または技術に関する知見がその製造物の欠陥を認識できなかった旨の証明を挙げている。いわゆる開発危険の抗弁の免責である。科学は進歩するものであると共に、不完全性への限りなき注意を示唆したものといえよう。

(8) 日蓮と他宗

前述のごとく、憲法は政教分離の原則を掲げており、ここで宗教を布教するものでもない。その底に湛《たた》える知恵に思いをいたすのである。

日蓮聖人は鎌倉時代の安房国（現、千葉県安房郡）小湊に誕生された。法難の地、日本海に浮かぶ佐渡島から「我日本の柱とならむ。我日本の眼目とならむ。我日本の大船とならむ」と、とどろく波の如き救国の熱情を持って、法華経をかかげ、個人の救済を超えて、国家の救済に生涯をささげた。北条幕府に対し「立正安国論」を呈し、他国の侵略と内乱を予言した。

そして、その情熱は、いわゆる四箇格言「念仏無間、禅天魔、真言亡国、律国賊」の言葉となって、他宗を激しく非難攻撃したといわれる。そのためか、法難にあうも、奇跡的に助ける人が現われるなど無事に教えは浸透して入った。

さて、この四箇格言、「念仏無間、禅天魔、真言亡国、律国賊」につき、あるお坊さんから、非難攻撃ではなく、他宗への警告であり、激励であると聞いたことがある。そのお坊さんはナマズの上人といわれ隠棲されていた。九〇歳を超えておられたと思う。本願寺勧学・文学博士であった。

すなわち、時の仏教界は堕落傾向にあり、これを正すべく、今のままでは、無間地獄に落ちるぞ等との他宗門への慈悲の句であったというのである。

このような、宗論については、現代、国法による裁きは及ばない。各宗、各派により、教えの理論があり、信じる信じないは各人の自由に委ねられるからである。また、法律・裁判により究極的に解決されるものでもない。むろん、法律は思想の自由も、身体の自由も保障しており、一般社会の法が守られねばならないことは言うまでもない。

2　民法改正案等

(1)　男女同権の新しき世の中

新憲法施行に伴い、新民法も昭和二二年に改正されている。

家中心の戸主制度が廃止となり、戸主の家族に対する支配権はなくなり、家督相続から財産の均分相続へと改正された。男女同権の新しき世の中となった。

法律の改正は国民の信頼により選ばれた国会議員により議論、審議されて、唯一の立法機関である国会で成立すれば、天皇の公布により施行されるものである。

意見が異なる場合、両院協議会でよく議論、精査が求められよう。条文化され、施行されると、以後は「、」の位置まで含めた解釈の問題となる。一人歩きされても大丈夫な条文が出来上がってくるものといえよう。

民法の一部を改正する法律案要綱が出されてから一四年以上が経過中である。その主たるところは以下のとおりである。

(1) 夫婦別姓案

夫婦別姓について、選択的夫婦別姓制度とする案である。

仮に選択的夫婦別姓となっても、大多数の夫婦は、今までの慣習で、女性が姓を変える方法を選択し、今までどおりの家族が多く存在していくものと思われる。社会の慣習は、そう簡単には変わらないものである。

女性が男性の姓に統一されることで、女性は結婚の周知ともなり、喜びも大きいものと思われる。が、逆に姓が変わらないことが、結婚していないことへの証明と受け取られることはないかと、複雑な思いが去来する人も多いのではないだろうか。むろん、どちらの姓を名ってもよく、結婚しようがしまいが、その人の価値にいささかも影響はないのだけれども。

この問題は、民法改正案要綱（平成八年二月二六日、法制審議会総会決定）が出来てから一四年が経過するが、いまだに法案提出までにはいたっていない。民主主義とは、多数決の原理によるものではあるが、少数意見を尊重することも、民主主義といえよう。少数意見、異文化的なものを認めることができるかどうかも含まれているといえよう。

選択的夫婦別姓制度を柱とする民法の改正案が内閣法案として、国会に提出されることはなかった。閣僚内の意見も一致しなかったようである。国民間での相互理解を深める必要があろう。

(2) 家族間の絆

これの反対意見では、家族間の絆《きずな》が薄れ、家庭がばらばらになってしまうとの危惧である。日本の家父長制度は、新民法により家から夫婦中心の制度に変わってはいるが、結婚により姓を変えるのは大抵が女性であり、なおその傾向は続いているともいえよう。

現在では、夫婦のどちらかの姓（苗字）を名乗ればよい（民法七五〇条）が、女性の社会進出に伴い、途中で姓を変えられるのは女性が多く、女性にとってみれば、不便であり、不利であるというものであろう。女性が婚家に入り専業的な主婦であった時代には思い及ばぬことであったといえる。男女同権の時代の到来である。

(3) 社会保険証の番号と姓の変更

これは、だいぶ昔のことになるが、私が社会保険委員を委嘱《いしょく》されていたときであるが、基礎年金番号が導入される前後のことである。

結婚して会社を止め、一定期間後に再び、別の会社に勤める等を繰り返した人で、手続きを怠っていたなどで別の番号の年金番号を新たに取得している人たちがいた。そこで、一人の人間が勤務期間や勤務場所で、別人扱いされないように、年金被保険者証を一本化、番号を統一する手助けをした思い出がある。年金裁定請求の場合も含めてのことであった。

失業保険（雇用保険被保険者証）の番号も同様である。雇用保険被保険者証番号の場合は、年金番号ほどの影響は少ないと思われるが。

また、死亡された場合において、市区町村に死亡届を出せば、年金関係等の死亡届も済

んだものと思われている人が多かった。（社会保険庁、当時）

これらは、結婚・離婚により姓が変わったことによるとはいえ、自己責任ともいえるが、マイナスに作用した面だったともいえよう。

(4) 専業主婦から職業婦人への変化

筆者が子供の頃には職業婦人は稀であり、これほど社会に進出の時代を迎えようとは一般には予測しなかった人も多かったのではないか。ただ、バスガール（車掌）が増えてきていたこと、タイピストのＯＬが増えつつあったことは否めない。

小学校の担任の先生の一人も女性であった。わき道にそれるが、この先生につき思い出がある。

私は人前で話したりするのがすごく苦手で、下手であったが、あるとき、この先生が、母（旧制高女専攻科卒、代用教員の経験）と、どういうわけか、親しくしていて、このことを、言いつけられたらしく、その後、半年〜一年の間、母の前で国語の教科書の読み方の練習をさせられた思い出がある。方言と異なることもわかり、後になって思えば有難いことであった。今は共に故人である。

さて、話が脱線してしまったが、ともあれ、女性の学者等、自己の名前で発表してきた研究、発明、論文のことなどを考えると、あまり変えて欲しくないという気持ちが強くなるのはやむをえない。ペンネームや通称があるが、法的に裏打ちされているわけではない。外国人が通称を使用する例もあるが、帰化許可申請等の場合、この通称名をすべて報告記入することになっている。

(5) 実質的な男女同権

ともかく、女性が姓名を重んじる時代になったともいえよう。相続については、女性だからといって変わることはない。祭祀継承については、現在でも強制的ではない。

逆に、女性が、男性に女性側の姓を名乗って欲しいとの要求・風潮が広まれば、男性側にも困る人が出てはこないだろうか。慣習の問題とはいえ、結婚等へ様々な影響を及ぼすことはないだろうか。

離婚の増加の風潮も関係する。離婚により心身に大きな負担を背負っているときに、旧姓に戻るか、現在のままに変えるかの選択手続きは端から見れば簡単に見えても、当人にとっては精神的にも重い負担が予想される。夫婦別姓ではその心配は除かれる。

また、たとえばであるが、桜家と梅家の長男、長女が共に、一人っ子で、いずれの姓をも残したいという場合には、選択的夫婦別姓で救われるともいえよう。同姓同士の結婚もままあれば、一人っ子同士の結婚にもよく遭遇する。少子化の時代はなおさらである。

なお、子供は、姓を夫婦のどちらかに統一するにしても、どこかに、選択肢を残しておくことが必要といえよう。

(6) 家紋に見た夫婦別紋制

家には、大抵、家紋が付きまとっていた。今は、家紋の存在も忘れられようとしているが、結婚式にはまだ良く見かける。もっとも、自家の家紋のデザインが好ましくないという人は、洋式での結婚式を選択する人もいる。

新郎の紋服には、男性側の家紋がついている。けれども、その両親の母側は母の実家の家紋を裏紋とかいって、使用しているところもあった。「嫁ぐ紋」といわれ、他家にお嫁に行く娘が実家の紋を婚家先に持参し、さらに、婚家先で生まれた娘が嫁ぐ際には、母方の家紋を持参するという習俗が各地で行なわれていたわけである。

つまりは、両親の別紋制が慣習として残っている場合もありうるわけである。選択的夫婦別姓制度は、以外にも古典的な側面を有するものといわなければならない。

(7) 明治四年の太政官布告

付記すれば、家紋の数は五〇〇〇を超えるほどあるといわれる。法的な規制は原則ないが、伝統を重んじた日本の家々では、法以上に守られてきた節がある。ただし、宮家紋章については、明治四年の太政官布告で制定され、今も生きている。

鎌倉時代初期の後鳥羽院以来の菊花紋章は、大正一五年の皇室儀制令により公的に皇室の紋章となった。一六葉八重表菊形である。

なお、商標法第四条第一項（国旗、菊花紋章等）により、これらを商標として登録することはできない。

(8) インドの不思議な名前の話

以下に述べることは、信じるか否かの前提に関係するので、参考までのこととして受け止めてもらいたい。

インドには、アガスティアの葉と呼ばれるものが存在し、そこに、人の名前や一生の運命が語られているという。今でも、日本人の分も、尋ねてくる人には、本人や両親の名前が何千年の昔に椰子の葉に記され、保存され、さらに、その人の一生の運命が記されているというのである。

それが事実ならば、すなわち、子どもの名前は親が選択し、名付けたように見えても、すでにその葉にはるかの昔に記されていたことになる。

これらのことを、自らのことを含め、検証した事例をインド伝承医学・アーユルヴェーダ医学等の日本人学者（医学博士・理学博士）が紹介している。

日本でも、名は体を現わすといわれ、氏名が、その人の性格や、生涯の生活に大きく影響することは否定できないのではないか。

(9) 嫡出子と非嫡出子の相続同率案

嫡出子と非嫡出子の相続格差（民法九〇〇条四号但書）をなくして同率とする案である。

現在、非嫡出子の法定相続分は嫡出子の半分なのを同一率相続に改めたいと、いうのである。これについても、賛否両論があるが、子供の側からすれば、子には何ら責任はなく、法定相続率が同じであることは、法の下の平等として、当然との意見であろう。

非嫡出子としての身分はともかく、その分、相続では同じにというのが願いであろう。貞節のない夫婦が増えるとの危惧もあるが、親の責任が軽くなるとも思えない。

明治期の民法導入にあたり、日本が範としたドイツでは、最近（一九九七年）になって、嫡出子と非嫡出子の区別が撤廃され、その差別は解消されたとの由である。

なお、嫡出子と非嫡出子の法定相続分の差異に関しては、最高裁判所大法廷判決（平成七年七月七日）があり、一〇対五で合憲とされている。

⑽ 離婚後三〇〇日推定と女性の再婚禁止期間

民法第七七二条は、婚姻中に懐胎した子を夫の子と推定、離婚後三〇〇日以内に生まれた子も婚姻中の懐胎と推定する。そして、第七三三条は離婚後六ヵ月を経過しないと再婚できないと定める。これらの定めの板ばさみの中、無国籍児が出現しており、この存在を法的に救済すべきとの改正案である。

たとえば、すでに、別居状態にあったが、諸般の事情で離婚届が遅れ、為に、再婚届けも遅れて、子の出産が、離婚届から三〇〇日以内となったとする。現夫の子を、この別居日から離婚届の間に妊娠した場合、再婚していても、三〇〇日以内誕生となれば、前夫の子としてでなければ、実質的な審査権を有しない受付の戸籍吏は出生届けを受理できず、結果、無国籍児となるというのである。

子には責任はない。ＤＶ（ドメスティック・バイオレンス）等の前夫の子としては、届けたくないし、遺伝学的にもつながりのない届けはできないというわけである。貞節の問題との意見（不法行為）があっても、貞節は真の信頼と愛情の中にあり、前夫との間には縁がなかったとしか言いようがないとの意見であろう。

⑾ 離婚（離婚届日又は離婚判決日）後の妊娠

このような矛盾した状態を少しでも解消しようとして、条件付きで、法務省は通達（二〇〇七年五月七日）を出し、離婚後の妊娠の場合のみ前夫の子ではないと認めた。妊娠が離婚後であると医師が証明すれば、再婚後の現夫の子として、再婚前なら母の子としての出生届が受理されるようになった。

(12) 離婚（離婚届日又は離婚判決日）前の妊娠

ただし、離婚前に妊娠していた場合は、この通達から漏れ、現行民法第七七二条の前夫との推定のままである。この推定を覆すには、嫡出否認の訴え（民法第七七四条〜七七八条）の裁判によるしかないとも思われるが、更なる法務省の通達の弾力化も限界とするならば、政治的な判断のもと、民法の改正を経るしかあるまい。

(13) DNA鑑定と家族

ところで、科学的なDNA鑑定は遺伝学的には白黒をはっきりさせるのに良い方法と思われる。が、家族の中では、法定血族、養子の制度もあるように、家族は愛情で結ばれている要素が大きく、すべての人間が遺伝のつながりのみで幸福になるとも限らない。子供を殺したり、親を殺したりする者同士にも、DNA上の親子が少なくないのではないか。少なくとも母親は、分娩の事実で親であることは間違いなく、要は夫婦の絆の問題である。

(14) 父母のための供養

前述の「歎異抄」によれば、自分（親鸞）は、父母のためと思って念仏供養をしたことはないと説き、その理由を、人間は長い間には、親子に生まれ、兄弟に生まれ、夫婦に生まれて、輪廻転生を重ねており、すべての人は同胞だから、父母を特別扱いするまでもないというのである。

なお、このことは、信仰ある人を対象に語られるべきものであろう。養子といい、特別養子といい、実子に同じだというのである。

⒂　女性の再婚禁止期間一〇〇日に短縮案

また、女性の再婚禁止期間を六ヵ月から一〇〇日に短縮する改正案が出ている。現行法上は、六ヵ月あれば、お腹の外観上、前婚の子の存在が明白に分かるとの理由により定められたものである。改正案では一〇〇日（約三ヵ月）あれば、お腹の外観上明白になるので推定が重なることはないという理由である。

⒃　結婚年齢を男女共一八歳に統一する案

結婚年齢を男女共一八歳に統一する案である。現行上は、男は満一八歳、女は満一六歳が婚姻適齢と定めている。

⒄　代理母出産と判例（卵子提供女性の実親としての出生届け不受理）

科学が未発達の頃は、子は神の授かり者として考えられ、神（大自然）の領域として扱われてきた。しかし、生殖補助医療の急激な進歩は代理母をも可能にしたのであった。もっとも、生殖補助医療技術といっても、なお神（大自然）の領域内といえよう。世の中は何と矛盾したものであろうか。一方では、逆に、中絶が行なわれ、子殺しまで報道される世の中なのである。子を願うことは、家族を持つ権利でもある。そのためにも養子制度が以前から法定されている。法定血族の制度である。養親子関係を結ぶ人は、他人といえども、深い因縁のある人だとも言われる。

しかしながら、遺伝学的な、つながりを求める人は、代理母にお願いしたいとの切実さのあまりであろうと思われる。だが、代理母が生んだ子は、分娩した代理母の子とされる。現行法上は、遺伝のつながる母とは特別養子で法定させることとなる。

懐胎から出産までのプロセス・メカニズムの研究は、夫婦の受精卵を代理母の子宮に着床させ、一〇ヵ月経過すれば出産できるということを可能にしたのである。

二〇〇八年四月に、日本学術会議は、代理懐妊の法規制と原則禁止の提言をした。まこと、やむをえない場合に限り、代理懐胎の臨床試験の考慮を可とし、生まれた子は代理母（代理懐妊者）を分娩の事実から母として、依頼夫婦との親子関係は養子縁組または特別養子縁組（断絶養子）で定立するというものである。営利目的の場合、定めで処罰の対象とする。なお、現在は代理母を禁止するという法律はない。

代理母出産の判例：（分娩した代理母女性が親）

これに関して、最高裁判所第二小法廷決定、平成一九年三月二三日民集第六一巻第二号六一九頁がある。

自己以外の女性に自己の卵子を用いた生殖補助医療で、子を懐胎・出産してもらう、いわゆる代理出産は、現行民法は想定していない。出産した外国女性がその子の母となり、卵子を提供した女性と子の間に嫡出親子関係はないとした。現在の日本の身分法秩序の基本原則、基本理念と相いれないものだからである。

成立を認める外国裁判所裁判の判決の効力を日本で認め、我が国の法秩序に組み込むことは、民事訴訟法一一八条（旧二〇〇条）三号にいうところの我が国の公序良俗に反するとした。そして、二名の裁判官の補足意見で、事情を考慮するに、特別養子縁組を成立させる余地は十分にあると述べるとともに、立法等の対応に触れている。

代理母出産については、多くの議論があるが、これを契約としてみる場合、代理母出産契約は、公序良俗に反する契約であり、無効とされる。契約となると、その履行義務と共に契約に違反した場合、双方にとり困難な問題が生じる。

代理母が、その愛情から子の引き渡しを拒否したり、生まれた子に障害があり、依頼者側が引き取りを拒否するといった事態も出ているという。母体の安全の確保の問題も避けられない。代理母自身が、障害を負ったり、死亡した場合のことである。

⑱ 夫死去後に懐胎・出産した親子関係と判例（遺伝があっても親子でない判決）

父死後の体外受精による「死後懐胎子」の親子関係に関しては、最高裁判所第二小法廷判決、平成一八年九月四日民集六〇巻第七号二五六三頁がある。

なお、死後懐胎子とは、生殖補助医療の技術で、夫死後、冷凍保存精子で女性が体外受精をして懐胎したのち、出産してできた子のことである。出産した女性と親子（母子）関係にあることはいうまでもない。

現在の民法は、自然生殖による親子関係、親権、扶養、相続を中心に懐胎時に生存していた父の認知等は定めている。しかるに、生殖補助医療の技術の進歩は、夫死後の冷凍保存精子により女性の卵子との体外受精・懐胎を可能ならしめ、出産に至ることが可能となっている。

生前の夫の意思と妻の意思が合致しているケースで、体外受精とはいえ受精卵も夫婦のものであり、その妻が出産して生まれた子は、実の親子関係が法的にも可能なように見える。

が、現民法は、自然の場合を想定して作られており、生殖補助医療の技術による夫の死後の懐胎は、民法の想定外で、死後認知による親子関係としての基本的な法律関係の形成はできないとした。死亡している父が親権者となり、監護教育することはなく、また、死後懐胎子が相続人になることもないというわけである。

遺伝・血縁関係があっても、実親子関係は法的に認められないというのである。この裁判は、死後懐胎子から公益代表である検察官に対して、懐胎の後に父が死亡した場合の死後認知の規定の準用ないしは、類推適用により、子から認知の請求がされた事件である。裁判官全員一致により主文のとおり、控訴は棄却されている。なお、二名の裁判官の補足意見がある。

生殖補助医療の技術の進歩は、子の福祉、父母の意思への配慮等を第一に考えながら、立法府にも新たな課題を提供しているといえよう。

なお、厚生科学審議会生殖補助医療部会でも、検討がなされ、平成一五年四月に「精子・卵子・胚の提供等による生殖補助医療制度の整備に関する報告書」が公表されている。

3　参政権について

(1)　国民の権利義務

本案についても、国会の議論に委ねられていることはいうまでもない。永住外国人について、地方参政権を付与しようとの法案が、とりざたされていたが、関連法案の提出を見ないままに、国会も閉会となった。

参政権は日本国民には、原則、付与され、国民は権利として、地方・国双方への選挙権、被選挙権を中心として、国民審査権、国民投票権、そして、公務員、裁判員になる権利等を有している。国民の政治への参加を保障する権利である。今は、地方行政、国政を問わず、選挙で選ばれた議員、首長等に、権力の行使が委ねられている。

(2) 人と企業の地球規模交流

国際的に人と企業の移動が地球規模に拡大する時代である。今は、日本海という海が横たわるが、日本とアジア大陸は、遠い遠い昔、陸続きであった。遠い遠い親戚の間柄というべきであろう。太古の昔から近隣のアジア諸国とは、きわめて多き人の交流、物の交流には深いものがあったと思われる。

(3) 武力によった戦国大名

明治時代以前、特に、戦国時代は、武力により、領土を拡大し、その領国は独立的な存在であった。一六〇〇年の関が原の合戦は、日本を二分しての戦いであった。江戸時代になって、全国の独立的な藩を徳川幕府が統一した。武力で首を取るようなことも含め、武家政権の誕生以来、領主・大名・藩主が誕生していた。

このような刀で国を切り取る時代から、全国の都道府県市町村及び国会議員が、知事市町村長、さらには、議員内閣制による総理大臣ほかが、選挙という平和な手段によって法の定める手続きにより選ばれるシステムが完成したのである。選挙違反が予想外に厳しいのは、以上のような歴史的経緯が存するからだと思われる。

国民のほぼ半数は女性と思われるが、女性に参政権が法的に付与されたのは、敗戦後の幣原内閣による一九四五年一二月の選挙法改正によるものであった。

（4）永住者のこと

日本に永住を希望する外国人は、一定の条件の下で、法務大臣が日本国の利益に合致すると認めた場合に永住が許可される。

在留期間の更新等が不要となり、国籍を変えないで、いつまでも日本に住み続け、被選挙権等を除き、ほとんどの仕事にも就けるし、転職しても、入国管理局に届けることも不要となる。離婚しても永住者の地位はそのままである。金融機関からも融資を受けられる等、信用も高まるようだ。

このように、きわめて、日本人の地位に近いといえる。将来本国で暮らしたい人や迷いの中にある人は、こちらがお勧めである。

条件の主なものとは、一〇年以上継続して日本に在留し、素行が善良・健康で、日本で独立の生計が営める等である。留学生は学業終了後、働ける在留資格に変更後、概ね五年以上の間、日本に在留している必要がある。（その他条件省略）

注意すべきは、再入国手続きなしに、出国すると、在留の継続が途切れ、永住の在留資格を放棄することになるので、日本から出るときは、必ず再入国の許可を得ておく必要がある。

（5）特別永住者のこと

永住者の選択をされた外国人には、上記のように、一定の在留期間（一〇年以上）等の条件を満たした人と、特別永住者（かつては日本人）といわれる方がある。特別永住者には、一九一〇年（明治四三年）八月の日韓併合から敗戦までの間、大日本帝国臣民として、同じ日本人として生死を共にした在日韓国・北朝鮮や在日台湾人とそれらの子孫の方々がある。元は、日本人であった人々である。

米国ミズーリ艦上での、日本降伏文書調印日の一九四五年九月二日以前から日本の内地に継続して住み続けた朝鮮戸籍令及び台湾戸籍令の適用を受けていた人々である。

一九五二年四月、サンフランシスコ（平和）講和条約で日本が独立した際に、在日韓国・北朝鮮や在日台湾人は、日本国籍を離脱したものとされたのである。平和条約国籍離脱者とその子孫の方々が中心である。在留資格たる特別永住者に、この三国の人が多い所以《ゆえん》である。

特別永住者には、通常の他の外国人永住者と比較して、特例処置がある。帰化するときに求められる「帰化の動機書」が二〇〇三年から免除された等である。

特別永住者は、通常の他の外国人永住者と比較して、さらに特例処置がある。平成三年施行の入管特例法（略称、平成一六年六月改正）である。

内乱罪、外患誘致罪等で禁固刑以上に処せられた等で、日本の治安・国家利益に関する重大な犯罪でない限り退去強制にはならない。つまり、通常の出入国管理及び難民認定法の二四条の退去強制事由を適用しないことになっている。もっとも、このような条項が適用されたことはないという。

(6) 帰化について

日本国籍を取得するには出生、届出、帰化がある。帰化を希望される方は、国籍法第五条に基づく条件を備えれば、法務局を窓口に帰化許可申請を行ない、法務大臣の許可で日本国民となる。官報に告示される。

条件の主なものとは、五年以上継続して日本に住所を有し、二〇歳以上で本国の行為能力を有して、素行が善良で、日本で独立の生計が営める等である。

さらに、国籍を有せず、又は日本の国籍の取得によってその国籍を失うことの条件である。重国籍を防止する原則である。たとえば、父母両系主義をとる日本も韓国も二重国籍の子供は、遅くとも二二歳になるまでに国籍を選択しなければならない。

韓国には兵役制度がある。通則法（旧法例）、国籍法、本国法、入管法、外国人登録法等が関係してくる。

帰化にあたり、日本国憲法・法令の遵守《じゅんしゅ》を誓う宣誓書が求められる。

なお、法令上の基準ではないが、帰化後は、当然に選挙権等が行使可能なので、基本的な日本語能力は求められる。同様に、麻薬中毒や伝染病でない旨の健康診断書が必要な場合もある。

（7） 外国人地方選挙権等について

GHQ草案では「外国人は法の平等な保護を受ける」との文言があったが、日本政府はGHQと協議の上これを削除させた。

ところで、永住外国人への地方参政権付与については、平成七年（一九九五年）二月の最高裁判所の判決で、その傍論で、憲法は、法律での付与を禁じているとはいえないと判示した。

民主党（当時）小沢幹事長は、主権国家の尊重、歴史的・政治的にみると、付与することが、信頼の構築と国の繁栄に不可欠ではないかとの主張である。連帯感と共生への道を深め、社会も安定するというわけである。（小沢一郎ウェブサイト参照）

韓国は、二〇〇五年に永住資格を得て三年以上住む外国人に地方参政権を与えている。朝日新聞紙上にて、中曽根元総理も民族主義者と自らを述べ、大局から見て原則賛成の立場を述べておられる。

さらに、善隣友好関係を基本に、北東アジア三国（韓国、中国、日本）で結束し、世界に顔を出していける、共鳴できる共通軸を作るのが政治家の務めとも語っておられる。

なお、地方参政権付与に反対の意見もある。小規模な自治体では、その意思決定に大きな影響を及ぼす恐れがあるとか、他国からの内政干渉を受ける恐れがあり、国家主権に問題が出てくる等の危惧である。

連立与党の福島大臣は賛成、亀井大臣は反対の立場を表明された。という複雑な事情等からも法案提出にはいたらなかったようである。メディアの発達した現代、この議論は、関係国も静かに見守っていると思われる。

日本の主権が不安定になってはならないが、排他的、鎖国的だと思われるのも得策ではなかろう。永住外国人にとっても、目安箱のような装置があることが、むしろ日本にとっても安定に寄与するとはいえないだろうか。

どちらにしても、国民が選んだ国会議員を擁する立法府が議論し、決められることである。

ただ、過去の経緯から日本の国土で日常の暮らしのある外国人には、一定の条件を満たせば、権利としての帰化請求権を付与する等の議論もできるのではないだろうか。地方参政権の付与も条件を議論し、危惧するところがあるならば、被選挙権を除く案とか議会や、首長、大臣に特別の権限を付与する等で、双方からの法改正はできないものだろうか。

日本の国籍法は原則、父母両系血統主義をとるが、日本で生まれた人は、原則日本人とする出生地主義も併せて、考慮されて然るべきではないだろうか。アジア諸国も、友愛の光で包まれる資格がある。

さて、次のような話（概略）をものの本で読んだことがある。日本が敗戦し、日本人は必死になって内地・日本を目指していた。朝鮮半島を渡って、日本に引き上げる帰国の途中、地理に疎く、底なし沼（深さ二〇メートル以内）に、はまった者がおった。次第に体が沈んでいくのに、地元の人々は、それを見ながら、助けようともせず、むしろ、今まで我々を苦しめてきた日本人ではないかとの思いが深かったらしい。

助けを求められても誰も手出しせず、いよいよ、底なし沼にはまり、首近くまで沈んだとき、見ていた一人が、急に棒を差し出し、助けてやろうではないか、同じ人間ではないかと叫ぶと、そうだと皆が賛成して、助け上げられると、一様に拍手が沸き起こったという。

4　地球温暖化対策基本法案

二〇一〇年五月一四日、衆議院環境委員会はこの温暖化対策基本法案を与党三党の賛成多数で可決した。温室効果ガス排出量の二五％削減目標が盛り込まれている。国内排出量取引制度や環境税の導入がが盛り込まれているものだ。国際交渉で他の主要国が意欲的な目標に合意することを前提条件にした。

なお、公明党案は前提条件なしで、二五％削減目標を掲げ、「気候変動対策推進基本法案」を提出していた。自民党は、「低炭素社会づくり推進基本法案」を提出し、二五％減は経済や雇用への影響が高すぎるとして、中期目標として麻生前政権が掲げていた八％減とした。

5　子供手当及び高校無償化法（略称）の成立

鳩山連立内閣は、その政権発足半年にして、公約にしていた「子供手当法案」、「高校無償化法案」を連立与党と公明、共産の賛成も得て衆議院本会議で可決（平成二二年三月一六日）し、子供手当法案は同月二六日、参議院本会議で可決成立した。高校無償化法案も参議院本会議で可決成立した（平成二二年三月三一日）。

コンクリートから人への転換を印象付ける具体的な法案可決であった。これらは、家計の可処分所得に効果的に作用し、少子化防止にも役立つものと期待される。

中学校修了までの子供を養育する父母等に、平成二二年度は子供一人当たり月額一万三〇〇〇円が支給されることとなった。未来を担う子供を社会全体で応援するという連立内閣の公約が、この新年度からスタートした。なお、自治体の保育所整備、保育サービスにも光が当てられてくる。

厚生労働省・長妻大臣は、就任以来、特別養護老人ホーム等現場に赴き、実態把握・視察に努力されているのが、報道機関を通じてであるが、その姿勢がみえて来る。大臣が自らの手で入居者、お年寄りの洗髪等を体験されたというのは未だ見聞したことがなかった。内閣の現場目線を物語るものであった。政権交代を印象づけた一こまであった。

公立高校の授業料の無料化（この四月から）は、不平等の未然防止・格差是正への「機会の平等」が保障されたものといえよう。

6　労働基準法の一部改正法と育児・介護休業法改正の施行

(1)　長時間労働抑制と割増賃金率・時間単位休暇

この平成二二年四月一日から、残業代の引き上げや年次有給休暇が時間単位で取れるように労働基準法が一部改正（平成二〇年一二月一二日公布）されて、施行された。長時間労働を抑制し、働く人の健康確保や仕事と生活の調和を図ることが目的である。その骨子は以下の通りである。

(1)　一ヵ月六〇時間を越える時間外労働については、割増賃金率を従来の二割五分から五割以上に引き上げた。ただし、割増率の引き上げは余裕のない中小企業への適用は見送られている。

(2)　また、一ヵ月六〇時間を越える時間外労働については、引き上げ差額分の二五％の割増賃金支払いの代わりに、有給休暇が取れる制度を導入した。ただし、事業場での労使協定の締結をしておく必要がある。

(3)　週一五時間、一ヵ月四五時間を超えて時間外労働を行なう場合には、事前に、労使で特別条項付きの時間外労働協定を締結する必要があるが、新たに特別条項付きの時間外労働協定には月四五時間を超える時間外労働に対する割増賃金率を定めて、それは法定割増賃金率二五%を超える率にするように努力する義務も課された。

この努力義務は中小企業にも適用される。なお、月四五時間を超える時間外労働はできるだけ短くするようにとの短縮努力義務もある。

(4) 年次有給休暇はこれまで、一日単位、少なくとも半日単位であるとの通達が出されていた。が、労使間で協定を結べば、分割して時間単位の有給休暇を取得することが可能となった。ただし、年五日が上限となる。特に時給制のパートで働く社員等にも配慮したものになっている。

なお、労働者が日単位で取得したいのを、使用者側が時間単位に変更はできない。以前は、労働者が十分休息するには一日単位の取得が望ましいと言われていたようにも記憶する。非正規労働、パート労働の増加が改正を後押ししたともいえよう。

(2) 改正育児・介護休業法の施行

この法改正は、昨年の平成二一年六月に自民党政権下で改正されたものであった。一部を除き平成二二年六月三〇日から施行された。その主たる内容は以下の通りである。

(1) この法律は従業員が一〇〇人を超える一〇一人以上の企業が対象になる。三歳未満の子供を育てながら、希望する労働者に対して、所定外労働時間の免除や短時間勤務が可能な制度の整備を企業に義務づけている。労基法上の管理監督者は対象外となり、又雇用期間が一年に満たない労働者も労使の協定で対象外となることがある。

(2) 所定外労働が免除となる期間は一ヵ月以上一年以内である。希望日の一ヵ月前までに期間を定めて事業主に請求する。事業主は専門性が高く、代替要員もおらず事業の正常な運営を妨げる場合は拒否できる。

(3) 子育て期の短時間勤務制度は企業の義務で、一日の勤務時間を六時間以下にする。短縮労働時間分は無給で、賃金や賞与の減額はやむをえないとされている。

(4) 看護休暇の拡充により、未就学の子がいれば年五日まで認められていたが、今後は二人以上いれば一〇日まで取得できる。

介護休暇は要介護者が一人なら年五日、二人以上ならば一〇日まで取得できる。ただし、介護休暇は当面、従業員一〇一人以上の企業が対象となる。

(5) 育児・介護休業法では、父親の育児休暇参加を促している。育児休業期間は原則、子供が一歳になるまでであるが、夫婦が共に育児休業を取れば一歳二ヵ月まで延長が可能である。育休の期間中は育児休業給付として、賃金の五〇％（上限、月額二〇万九七〇〇円）を受け取れる。父親も育休すれば共に受給できる。

(6) 平成二二年八月分から、父子家庭の生活安定と自立支援を目的に、所得制限付きではあるが、父子家庭にも児童扶養手当が支給されることになり、市町村で相談受付をする。

7　憲法改正議論と憲法尊重擁護義務

（1）改正論議

憲法の改正論議も自由であるが、その内容は、様々である。権利に対する国民の義務の充実、地方分権に関するもの、環境権等に関するもの、九条に関するもの等々である。

憲法九六条は、憲法改正するには、各議院の総議員の三分の二以上の賛成で、国会がこれを発議して、国民の承認を経るため国民投票において過半数の賛成を要すると定める。

憲法改正の手続きを定めた国民投票法が二〇一〇年五月一八日施行された。安倍晋三総理のもと、自民、公明両党の時代に成立したものである。

なお、憲法改正原案の発議は、衆議院議員一〇〇人以上の賛成か参議院議員五〇人以上の賛成で原案が発議され、各院に設置された憲法審査会の過半数が賛成すれば本会議にかけられる。衆議院で先に設置された審査会規程は五〇人の委員数からなり、出席委員の過半数で議決すると定めた。

衆参本会議で憲法に基づき三分の二以上の賛成で両院が可決すれば、その内容を国民に提案、周知し、その判断に資すると共に熟慮の一定期間（六〇~一八〇日以内）が置かれる。そして、国民投票にかけられる。

一八歳以上の有効投票総数の過半数の賛成で成立となる。ただし、二〇歳を成人とする民法の改正や二〇歳以上が有する選挙権を定めた公職選挙法の改正等、年齢に関する法令は極めて多く、簡単ではない。また憲法自体が硬性憲法であり、その憲法の精神を生かして過半数ではなく、三分の二以上にすべきであるとか、有効投票総数の基準を決めるべきだなどの意見もある。

ただ、注意すべきは、国家の行く末を左右するものであり、法律も含めて成立すると一人歩きを始める点が存在するということである。憲法九条以外は改正しても、九条は改正すべきではなく、むしろ、これを世界に生かすべきであるとの声も多い。

九条の改正案としては、鳩山自由党時代の石橋湛山・政策委員長が、一時期、憲法に、戦争否定の精神は国策として存置するも、戦争防止のため自衛軍を組織する旨を国策として、まとめていたことは前述した。しかし、石橋湛山は米ソ日中平和同盟を提唱後は、再び、憲法第九条の平和憲法維持を強調し、各国の軍備ではない国際警察軍により平和を守る「世界連邦」実現へむけての努力を説いた。

その他改正に関する意見には次のようなものがあるが、改正の前に、現行憲法をいかに活用するかを議論することが問われているともいえよう。
①　国会で予算が不成立の場合。
②　プライバシー権の具体化。
③　両院制のあり方。
④　環境権の明文化。
⑤　裁判所、地方自治のあり方。
⑥　財政に関すること等。
⑦　権利対応の義務の明示。
⑧　皇室典範に関すること。
⑨　その他。
以上に関する改正案等の議論がある。

(2) 憲法九条の役割

(1) 九条の重みと戦争回避の安全弁

九条に重みを掛けるならば、一つの国の価値が掛かっている。他の条文とは天地の差がある。九条は、いわば、パリ不戦条約が改善されたような、戦争回避の安全弁付きの条文である。

仮の話であるが、改正内容如何では、対外的には、周辺諸国に脅威を与え、これらの軍備増強を逆に促す効果も危惧される。平和のシンボルとしての日本の国際的な役割が低下する恐れなしとしないというわけである。

対内的には、志願兵制だとしても、これを拒否したりすることが、事実上できなくなり、強制的な準兵役義務が動き出す可能性がある。軍が存在するのに、外交上困難な交渉が出てくれば、軍は弱腰だとの世論等が急に起これば面目上、戦闘に押し出される危険も大となる。日米安保条約上、日本も米国と共同で戦争せざるを得なくなる恐れもある。

(2) 専守防衛

第九条は、国際紛争への武力行使の放棄を宣言したものである。国家緊急権（憲法に内在する自衛権）にもとずく「自衛隊」の存在は、専守防衛の範囲で合憲の存在である。自衛権の行使は、急迫不正の侵害があり、他に適当な手段なき場合は、必要最小限度の実力行使が可能であるとしている。

なお、排除に講じた措置は、国連の安保理事会に報告する義務が定めてある。正当防衛や緊急避難的な対処とその国連安保理事会への報告は、交戦権を有しない日本が、戦争に巻き込まれないためにも専守防衛を、より効果的に生かすことになる。

(3) 七色の虹と国民生活

人の平和への考えを虹に喩《たと》えるならば、七色の輝きがふさわしい。

現憲法下で、完全非武装説のもと、武力を全面否認する人々から自衛力は有しながらも、外交一本やりを願う人も多い。

逆に自衛力第一と勇ましい発言をする人もおられる。様々な考えがあり、七色の虹を思わせる。

さて、パリ不戦条約があったにもかかわらず、世界は再び戦争状態を引き起こしたのであるが、それは自衛戦争を禁止していなかったからとも言われる。

また、旧帝国憲法下では、学校での軍事教練を拒否する等、自由主義的な発言をする人たちは、「非国民」扱いされ、生命・生活の道さえ閉ざされたといわれる。

主義・考えの異なる者を排斥し、非国民扱いするようなことがあってはなるまい。対外的な軍事力が、反転して、内側の国民にも、強制力を生み、政治家・閣僚・軍幹部でさえ発言の自由をなくした戦前の恐怖と沈黙の時代が続いたことを忘れてはなるまい。

そして、日本は唯一の被爆国となり、一秒間の核エネルギーは、一〇万人余の犠牲者を出した。そのうえ、まき散らされた放射線は、短期間で、さらに市民の命を奪い、長きにわたる放射線被害は、今も続き、遺伝子への影響も懸念されている。

昔、被爆後の女性と思われたが、ケロイドがひどく皮膚は原形をとどめず、爆心地からは遠くの山中深くひっそりと暮らしておられた方と思しき人に九州の山道で、ばったり出会い、そのまま通り過ぎたことがある。すでに、今は故人と思われるが、一人の女性の悲しみはいかばかりであったろうか。

⑷ 平和の旗

今は、自衛力留保説の憲法観のもと、専守防衛の旗を掲げる自衛隊こそ合憲の平和を守る存在といえよう。どのような考えを持つ方であっても、平和を目指す点では一致するはずである。

勇ましい人は、完全非武装論者等に引き止められ、救われ、完全非武装論者は、勇ましい人たちに救われる場合もありうるだろう。

土星の輪は遠くから見れば、美しい環体を形成している。その環もさらにいくつかの輪の層でできており、内側から外側まで、変化を伴う帯状の粒子として存在する。右から左から、色合いは異なれども、千層の輪が、一体となって、芸術環を呈しているのである。

⑸ 村山総理、国論の分裂を回避

一九九四年（平成六年）六月、社会党、自民党、新党さきがけの村山連立政権が誕生した。第八一代、村山富市内閣総理大臣の誕生であった。（戦前、陸軍歴）

七月の所信表明演説で村山総理は、自衛隊合憲論で国論の分裂を回避し、日米安全保障条約体制を堅持すると共に、外交の継続性を維持した。

戦後五〇周年の、一九九五年八月一五日の記念式典にあたっては、いわゆる「戦後五〇周年の終戦記念日にあたっての村山首相談話」を閣議決定、発表して、人にやさしい政治に努めた。社会民主党初代党首、桐花大綬章。

⑹　旧軍に歯止めかからず

平和を守り、国民を守るべきが、先の大戦では、三〇〇万以上の軍民を犠牲にした。沖縄、ひめゆり学徒さえ救い出せなかったのである。

旧軍時代、戦争に自信なしと海軍が言い切れれば、まだ、米国との外交の余地があったとも言える。しかし、陸軍との対抗上、それは、海軍の面目から言えず沈黙の海軍となり、さらに、統帥権に守られた帝国陸海軍に内閣は如何ともしがたく、講和の時期も失い、結局は、世界最強に見えた大日本帝国陸海軍を滅ぼしてしまったのである。

⑺　憲法の尊重・擁護義務

なお、憲法九九条は、天皇、大臣、国会議員、裁判官その他の公務員に対し、この憲法の尊重・擁護義務を課している。この憲法の主権者である国民が尊重・擁護義務を負っていることは、言うまでもないことである。

鳩山総理が、この憲法九九条を踏まえ、組閣されたことは、友愛内閣の光となった。

八──行政権・鳩山連立内閣（友愛内閣）の光

1　連立政権の樹立

鳩山連立内閣は、国民から政権交代の審判を受けて、与党三党による連立政権を樹立した。その三党連立政権合意書は以下のとおりである。合意書の前に報道機関等から伝わる三党首の印象を述べたい。

三党首はいずれも、新制の東京大学卒である。鳩山党首（代表）は工学部出身であり、中央工学校に学んだ（後、校長）田中角栄元総理に次ぐ理科系である（後、システム信頼解析論で博士号）。他党首は文系出身である。均衡ある構成となった。

(1)　鳩山由紀夫総理大臣（民主党・代表）

鳩山由紀夫総理（代表）は、第三次内閣で、日ソ国交回復と国連加盟を達成した祖父を持ち、紀元節、建国記念の日の誕生の由である。友愛の魂魄を受け継ぎ、戦前と戦後を連結し新たなる政治の方向を懸命に模索した稀有の総理であった。

国民から託された権力の行使は、時代にふさわしく、高度情報化社会を表徴する半導体型の潜在エネルギーを宿し、重心の低い内閣であり、元来、安定した総理大臣であった。駐留なき安保を封印し、憲法尊重擁護義務を果たし、理想の旗を高く掲げつつも、また現実を忘れなかった。少数意見、少数政党を生かそうとしたことは友愛を含む日本型民主主義を印象づけた。事業仕分による政治舞台の透明化は、この内閣において初めて国民に見える形で、回転し、実現させることができたのである。

鳩山連立内閣を支えた政権与党の小沢一郎幹事長（元、自治大臣・国家公安委員長）は、政治改革の実行力をもちながら、理想の内閣を夢みながら運命を共にした。

鳩山内閣は友愛という北極星を常に望みながら、日本のかじ取りに、永遠の平和の海に、漕ぎ出そうと、その努力を惜しまなかった。相互尊重、相互理解、相互扶助の三相互に基づく友愛を掲げ、人類愛を外交の基礎に置き、海上に朝日が射し染め初めていた。

前述したが、鳩山総理は答弁の中で、「日本は核武装可能な潜在能力を持ちながら、非核三原則を貫く。核兵器の廃絶を、全世界に求める」との姿勢を示した。

(2) 亀井静香大臣（国民新党・代表）

連立党首の中で、亀井静香大臣のみが戦前の生まれで長老格といえる。警察官僚出身で、死刑制度廃止を推進する議員連盟の会長、内閣府特命担当大臣、金融相（菅内閣の初期まで）であり、国民新党代表であった。郵政改革法案に信念を貫き通した大臣であった。ハトを護るタカとして最後まで内閣を支える姿勢を崩さなかった。遠いふるさとともい

う べき自民党等にも、自らの信念を曲げることなく、堂々の論陣を張った。

過去、運輸大臣、建設大臣等を歴任した。中小企業救済等にみられたように、その名のごとく静かにして香り高いおもいやりの心も宿していた。

イラクへの自衛隊派遣には反対であった。

(3) 福島みずほ大臣（社民党・党首）

福島みずほ大臣は、女性弁護士であり、死刑制度廃止論を掲げる。また、夫婦別姓の推進者でもある。日本は古来より「瑞穂の国」と呼ばれ、名にし負う大臣となった。

特命担当大臣（消費者及び食品安全・少子化対策・男女共同参画担当相）であった。社民党党首の参議院議員であり、学習院女子大学客員教授も兼ねる。クリスマス生まれのご縁か、米国普天間基地問題では、罷免をも乗り越えて国外、県外移設等で沖縄の万感の思いを代弁、一貫してその信念を崩さなかった。平和憲法を尊重し、鳩山内閣の品質保証役であると宣言した。

若き日の父の軍入隊時の「武運長久を祈る寄せ書き、日の丸の旗」を米国の善意の市民から熊本市長を経由、六四年ぶりに返還され、感慨を深くした。

さて、政治は結果において重い責任を負うものではあるが、政治は連続してゆくものである以上、そのプロセス、行為においても大いに価値があるといわなければならない。

はるか昔、インドで祇園精舎が火災を起こした時の鳩の話が伝えられている。むろん、祇園精舎はお寺であり、平家物語では「祇園精舎の鐘の声、諸行無常の響きあり……」で知られる。

すなわち、その火災の時、一羽のハトが池に飛び込み羽いっぱいに水を抱え、燃え盛る精舎の上でバサバサと水滴をふりまき消火に努めた。鳩一羽の努力では如何ともし難かった。

が、これを知られたお釈迦様は、「結果がすぐ出なかったからと言って、意味がないのではない。一羽の鳩が火を消そうと思い、行動を起こしたことが尊いのだ」と、その鳩を讃えられた。

今日、核廃絶の方向が定まりつつある。米国のルーシー駐日大使も広島原爆の追悼式に初めて出席された。

さて、原爆に対抗しうる物とはいったい何であろうか。双方の原爆・核弾頭であろうか。誤射やテロであったとしても共に双方を灰燼にするは必定、無関係なはずの周辺諸国にも、毒性の強い放射性物質が振りまかれ、地球的規模の人類の破滅を招いてしまう恐れがある。巨大な核エネルギー（E）は、世にも知られる「E＝mc^2」とアインシュタインの公式が示している。原子力発電もこの公式を踏まえている。mは質量で、cは光の速さである。一秒間に地球を七回半も進む速さである。その二乗となるとエネルギーは想像を絶する。

ここで、光は愛であり、愛は光であるとして、アインシュタインの公式に擬制する。つまり「人間（m）を人間の愛の質量と見れば、活動のエネルギーEは『愛＝光』の二乗」と解することができよう。愛は心の波動であり、電波にも乗り、世界に響く。

愛は地球を救うと言われるが、愛に満ちた世界の指導者・政治家が出現するとき、世界は核の恐怖から、局地的戦争から離脱することができるだろう。友愛から地球を包む巨大な愛が生まれるだろう。

三党連立政権合意書

民主党、社会民主党、国民新党の三党は、第四五回衆議院総選挙で国民が示した政権交代の審判を受け、新しい連立政権を樹立することとし、その発足に当たり、次の通り合意した。

一　三党連立政権は、政権交代という民意に従い、国民の負託に応えることを確認する。

二　三党は、連立政権樹立に当たり、別紙の政策合意に至ったことを確認する。

三　調整が必要な政策は、三党党首クラスによる基本政策閣僚委員会において議論し、その結果を閣議に諮り、決していくことを確認する。

二〇〇九年九月九日

民主党代表

社会民主党党首

国民新党代表

連立政権樹立に当たっての政策合意

民主党

社会民主党

国民新党

国民は今回の総選挙で、新しい政権を求める歴史的審判を下した。

その選択は、長きにわたり既得権益構造の上に座り、官僚支配を許してきた自民党政治を根底から転換し、政策を根本から改めることを求めるものである。

民主党、社会民主党、国民新党は連立政権樹立に当たって、二〇〇九年八月一四日の第四五回「衆議院選挙にあたっての共通政策」を踏まえ、以下の実施に全力を傾注していくことを確認する。

*

小泉内閣が主導した競争至上主義の経済政策をはじめとした相次ぐ自公政権の失政によって、国民生活、地域経済は疲弊し、雇用不安が増大し、社会保障・教育のセーフティネットはほころびを露呈している。

国民からの負託は、税金のムダづかいを一掃し、国民生活を支援することを通じ、我が国の経済社会の安定と成長を促す政策の実施にある。

連立政権は、家計に対する支援を最重点と位置づけ、国民の可処分所得を増やし、消費の拡大につなげる。また中小企業、農業など地域を支える経済基盤を強化し、年金・医療・介護など社会保障制度や雇用制度を信頼できる、持続可能な制度へと組み替えていく。

さらに地球温暖化対策として、低炭素社会構築のための社会制度の改革、新産業の育成等を進め、雇用の確保を図る。

こうした施策を展開することによって、日本経済を内需主導の経済へと転換を図り、安定した経済成長を実現し、国民生活の立て直しを図っていく。

以下に対策等の項目の要旨を挙げておいた。

⑴　**速やかなインフルエンザ対策、災害対策、緊急雇用対策**

・インフルエンザ対策、予防、感染拡大防止、治療に関しての情報開示
・豪雨被害、地震災害、天候不順による被害への対応
・深刻化する雇用情勢への緊急雇用対策の検討

⑵　**消費税率の据え置き**

・現行の消費税五％の据え置き
・歳出の見直し等の最大限の努力で消費税率の据え置き

⑶　**郵政事業の抜本的見直し**

・国民生活の確保と地域社会の活性化を目的
・日本郵政・ゆうちょ銀行・かんぽ生命の株式売却の凍結を含む郵政事業の抜本的見直し
・郵便局のサービスを全国あまねく公平、かつ利用者本位での簡便利用の仕組み構築
・郵政改革基本法案の作成・成立

⑷　**子育て、仕事と家庭の両立への支援**

・出産の経済的負担を軽減し、子供手当（仮称）の創設
・保育所の増設、待機児童の解消、学童保育の拡充

・子供の貧困解消、生活保護の母子加算復活、父子家庭の児童扶養手当
・高校教育の実質無償化

(5) 年金・医療・介護など社会保障制度の充実

・社会保障費の自然増を年二、二〇〇億円抑制の骨太方針の廃止、後期高齢者医療制度の廃止、障害者自立支援法を廃止し総合的な制度等とする。公平な年金制度や安心な介護制度の確立

(6) 雇用対策の強化―労働者派遣法の抜本改正―

・登録型派遣、製造業派遣の原則禁止と直接雇用みなし制度の創設等求職者支援制度創設で訓練手当支給、雇用保険の全労働者への適用等、均等待遇の実現化（男・女、正規・非正規）

(7) 地域の活性化

・国と地方の役割の見直し、戸別所得補償制度による農業の再生、中小企業への支援強化、貸し渋り、貸しはがし防止に関する法等の成立、整備を図り地域を活性化

(8) 地球温暖化対策の推進

・温暖化ガス抑制につき政府の中期目標の見直しで国際社会での役割と、低炭素社会構築の国家戦略と地球温暖化対策基本法の制定
・地球温暖化対策の推進、環境技術の研究開発等での雇用創出・新産業の育成
・幅広い国民参加のもと、新エネルギーの開発・普及、省エネルギー推進等への取り組み

(9) 自立した外交で、世界に貢献

・国際社会での日本の役割、主体的な国際貢献策で、世界の国々と協調国連平和維持活動、災害時の国際協力活動、地球温暖化等の環境外交、貿易投資の自由化、感染症対策
・主体的な外交戦略の構築、緊密で対等な日米同盟の推進沖縄県民の負担軽減、日米地位協定の改定を提起し、米軍再編や在日米軍基地の在り方、見直しの方向
・中国、韓国等との信頼と協力体制を確立し、東アジア共同体（仮称）の構築
・国際的な協調体制下、北朝鮮の核兵器やミサイルの開発を止めさせる。拉致問題の解決に全力投球
・包括的核実験禁止条約、兵器用核分裂性物質生産禁止条約の早期発効、実現核拡散防止条約再検討会議において主導的な役割を果たし、先頭に立って核軍縮・核兵器廃絶
・テロの温床除去、アフガニスタンの支援策を検討する。貧困の根絶と国家の再建への主体的役割

(10) 憲法

・唯一の被爆国としての平和主義、国民主権、基本的人権の尊重
・憲法の保障する諸権利の実現が第一
・国民の生活再建に全力

2　行政権は内閣に属する

（1）内閣（総理）の役割と権限

内閣は、憲法第五章の最初、第六五条で「行政権は内閣に属する」と定める。日本は行政主導型の国家とも言われてきたが、総理大臣に代表されるその権限・地位は強大なものである。国会へは衆議院を解散させることが可能である。自衛隊の最高司令官でもある。

内閣は、大赦、特赦、刑の執行の免除及び復権を決定する。また、内閣は政令制定権を有する。

内閣は最高裁判所長官を指名する。内閣総理大臣と最高裁判所長官は天皇の任命官である。が、総理大臣は国民が選んだ国会議員の中から選ばれる。通常、両議院の不一致の場合に優先権を持つ衆議院から選ばれるが、憲法上（六七条一項）は参議院からでも総理大臣になることができる。

行政権は司法・立法権との間の三権分立による均衡と抑制を効かせながら、国と国民を安心と安全の世界に導く責務を負っているといえよう。

では、行政権の具体的な中身は何であろうか。

憲法六六条第三項で、議院内閣制をとる日本は、国会の信任のもと、国会に連帯責任を負いながら、行政権を行使する。ために、両議院議員からの質問、国政調査権、問責決議案等に受けて立ち、答弁すること等が求められている。

なお、各議院の有する国政調査権は、憲法上の機能を実行的に行使あらしめるとの補助的権能説がある。が、三権分立上、司法権の独立や検察事務に係わる調査には及ばない。最近、企業等でもしばしば耳にする「説明責任」も国会で制度化されているわけではないが、その説明責任の果たす役割は大きいといわなければなるまい。

内閣は、高度の執政作用を独占する。行政組織統括機能、綜合調整機能を有している。国権（三権）の全体範囲から立法・司法作用を除いた国家作用が「行政権」として消極的に説明される行政控除説がある。

ともかく、国会で成立した法律の執行をはじめ、行政組織編成権、予算・人事権、指揮監督権を有し、一般国政上の権能を有する内閣に課せられた責任はきわめて重く、またそれだけ国民の期待が向けられていることになる。

「行政権」は、三権分立の原理から、衆議院の解散から、臨時国会の召集決定、最高裁判所長官の指名権を有しており、総合調整機能を発揮できるいわば国船の司令塔である。

(2) 衆議院の解散

内閣は憲法第七条又は六九条により衆議院を解散することができる。七条解散は象徴たる天皇の国事行為として行なわれる。内閣の助言と承認による。この場合、時に、憲法上の疑義が出されることがあるが、結果的には四〇日以内の総選挙で主権者である国民の審判を受けた国会の議決で内閣総理大臣が指名されて、改めて内閣が組閣されるので、妥当といわれる。

衆議院で、不信任決議案の可決又は信任決議案の否決がなされたときは、一〇日以内に衆議院が解散されない限り、内閣は総辞職となる。これが第六九条による解散である。裁量的な解散であれ、対抗的な解散であれ、国民の審判を受けることでは同じである。

なお、帝国憲法の第七条でも天皇（君主）による衆議院の解散が命じられていた。

(3) 閣議

国会の信任のもと、内閣が組閣されて整うと、内閣の意思決定は閣議によりなされる。内閣法に基づき、閣議は内閣総理大臣がこれを主宰し、内閣の重要政策に関する基本的な方針等を発議し、閣議決定した方針により行政各部を指揮監督する。内閣の職権行使は、定例閣議、臨時閣議により、閣議決定、閣議了解、閣議報告がある。閣議は全員出席で、秘密、全員一致の慣行で進められる。内閣は国政の最高推進機関であるともいえよう。

内閣はその運営自律権に基づき運営できる。国政調査権も司法審査権もここには及ばない。行政権の核なのである。

(4) 内閣

憲法第五章にいう内閣とは、狭義には内閣総理大臣、各国務大臣である。

内閣法により、内閣は首長たる内閣総理大臣と、総理に任命された国務大臣をもって組織されている。その国務大臣は一七名以内とされて、各大臣は主任の大臣として行政事務を分担管理するが、分担管理しない無任所大臣の存在も妨げられない。任命する過半数は国会議員の中から選ばれ、文民（軍人や自衛官以外）であることが憲法の要請である。

国務大臣は閣僚としての側面と、各大臣としての側面を共有していることになる。

内閣総理大臣は任意に国務大臣を罷免することも憲法上認められている。

「国会審議の活性化及び政治主導の政策決定システムの確立に関する法律」（平成一一年七月三〇日法律第一一六号）により、国会審議の活性化等のために内閣府及び各省に、副大臣（二二名）が置かれると共に大臣政務官（二六人）が置かれることになった。

なお、政務次官制度は廃止された。副大臣会議では内閣府及び各省の政策等に関して相互の調整がはかられる。ここまでが、広義の内閣である。つまり、内閣とは、内閣総理大臣、各国務大臣、副大臣、大臣政務官が具体的な範囲となる。

(5) 内閣府と内閣補佐機構

もともと大臣は同格の存在とされていたが、内閣府設置法により、内閣に内閣府がおかれて、内閣府の長は内閣総理大臣と定められた。

総理大臣は閣僚の任免権を有し、行政各部に対する指揮監督権を持ち、内閣を代表して、議案を国会に提出できる。いずれも憲法上の権限である。

内閣府外局には宮内庁、公正取引委員会、国家公安委員会、警察庁、金融庁、消費者庁がある。

さらに、内閣補佐機構として、内閣の権限行使、事務等をこなす内閣官房がある。内閣官房長官（国務大臣一人）は、内閣官房の事務を統轄し、所部の職員の服務を統督する。また、内閣官房には三人の内閣官房副長官が置かれる。内閣官房副長官の任免は、天皇が、これを認証すると内閣法は定める。

さらに、内閣官房には内閣危機管理監一人、内閣官房副長官補三人、内閣広報官一人、内閣情報官一人、内閣総理大臣補佐官五人以内をおくことができると内閣法は定める。

(6) 総理大臣と閣僚名簿等

第九三代、鳩山連立内閣の構成・閣僚(職名を以て敬称略。平成二一年九月一六日発足)

内閣総理大臣　鳩山由紀夫(昭和二二年二月一一日生、建国記念の日)

副総理・財務大臣・内閣府特命担当大臣(経済財政政策)　菅直人(前、藤井裕久大臣)

総務大臣・内閣府特命担当大臣(地域主権推進)　原口一博

法務大臣　千葉景子

外務大臣　岡田克也

文部科学大臣・科学技術政策担当　川端達夫

厚生労働大臣・年金改革担当　長妻昭

農林水産大臣　赤松広隆

経済産業大臣　直嶋政行

国土交通大臣・内閣府特命担当大臣(沖縄及び北方対策、防災)　前原誠司

環境大臣　小沢鋭仁

防衛大臣　北澤俊美

内閣官房長官　平野博文

国家公安委員会委員長・内閣府特命担当大臣(防災)、拉致問題担当　中井洽

内閣府特命担当大臣(金融)・郵政改革担当　亀井静香

内閣府特命担当大臣(消費者及び食品安全・少子化対策・男女共同参画)　福島みずほ

内閣府特命担当大臣（「新しい公共」）・国家戦略担当・公務員制度改革担当　仙石由人
内閣府特命担当大臣（行政刷新）　枝野幸男
内閣官房副長官　松野頼久
内閣官房副長官　松井孝治
内閣総理補佐官　中山義活　小川勝也　荒井聡　逢坂誠二

内閣府副大臣　大島敦　古川元久　大塚耕平
総務副大臣　渡辺周　内藤正光
法務副大臣　加藤公一
外務副大臣　武正公一　福山哲郎
財務副大臣　野田佳彦　峰崎直樹
文部科学副大臣　中川正春　鈴木寛
厚生労働副大臣　細川律夫　長浜博行
農林水産副大臣　山田正彦　郡司彰
経済産業副大臣　松下忠洋　増子輝彦
国土交通副大臣　辻元清美　馬淵澄夫
環境副大臣　田島一成
防衛副大臣　榛葉賀津也

内閣府大臣政務官　泉健太　田村賢治　津村啓介
総務大臣政務官　小川淳也　階猛　長谷川憲正
法務大臣政務官　中村哲治
外務大臣政務官　吉良州司　西村智奈美
財務大臣政務官　大串博志　古本伸一郎
文部科学大臣政務官　後藤斎　高井美穂
厚生労働大臣政務官　山井和則　足立信也
農林水産大臣政務官　佐々木隆博　舟山康江
経済産業大臣政務官　近藤洋介　高橋千秋
国土交通大臣政務官　長安豊　三日月大造　藤本祐司
環境大臣政務官　大谷信盛
防衛大臣政務官　楠田大蔵　長島昭久
以上が広義の内閣である。

3　行政刷新会議・事業仕分け

(1)　事業仕分け第一弾

鳩山政権の事業仕分け第一弾がスタートした。
行政刷新会議議長：鳩山由紀夫総理大臣行政刷新会議副議長：仙谷由人行政刷新担当大臣
司会・進行：古川内閣府副大臣

行政刷新会議が、平成二二年度予算編成に係わる事業仕分けを、平成二一年一一月一一日から二七日まで、独立行政法人国立印刷局市ヶ谷センター体育館を会場として、始められた。

⑴ 評価の仕方・観点

① その事業が社会から求められているのかの制度の必要性の有無
② 担い手として地方自治体も考慮した国の必要性の有無
③ 緊要性上、予算見送りも含めた来年度実施の必要性の有無

以上を基本に議論され、事業の内容・組織・制度等の改善、改廃、規模予算の縮減等が評価シートに記載されて、ワーキンググループ（WG）として、評決された。

⑵ ワーキンググループ（WG）の構成と評価者

この会議に以下のワーキンググループ（WG）が置かれた。

全ワーキンググループ（WG）　枝野幸男　総括担当

第一WG
津川祥吾　衆議院議員
寺田学　衆議院議員
亀井亜紀子　参議院議員
民間有識者　一六名

第二WG
菊田真紀子　衆議院議員

尾立源幸　参議院議員
民間有識者　二二名
第三ＷＧ
田嶋要　　衆議院議員
蓮舫　　参議院議員
民間有識者　二二名
全ＷＧ
泉健太　内閣府大臣政務官
大串博志　財務大臣政務官

(3) 鳩山内閣の特徴・歳出削減

以上により第一ＷＧ～第三ＷＧ、全ＷＧごとに民間有識者をも入れての評価となった。まず、四四七の事業仕分による徹底的な歳出削減で約九六六二億円を削減し、予算の見直しで、財源の確保を図りつつ、将来国を背負うことになる子供たちの育成に力点を置いたものである。

予算の無駄や天下りをなくすとともに、歳出削減の効果も含め、国民の監視のもとで行なわれた。この事業は旧政権下ではできなかった鳩山内閣の特徴を示した。

(4) 仕分けの基準

第一弾としては平成二一年一一月一一日から一七日と、二四日から二七日の計九日間にわたり、四四七事業を仕分けして、約五〇事業を廃止にするなどで、予算要求の無駄を洗い出し、平成二一年一一月二七日には事業仕分けが終了となった。これらが、予算要求に反映されて、二〇一〇年度の予算編成では、藤井裕久財務大臣が、約六九〇〇億円の削減を各省庁に要望した。

道路の空洞調査等をする財団法人道路保全技術センターが三年以内に廃止されることになった。独善的ともいわれる受注形態やいわゆる丸投げが問題化されていた天下り受け入れの法人であったという。

以下が仕分けの基準である。

① 民間と競合する公益法人は不要とする。
② 事業を丸投げしたり再委託をしている法人も不要とする。
③ 民間にはできない仕事をしている法人が残される。
④ 重複するもの、各省共通のものは、横断的に見直す。

⑸ 政治主導型の予算の編成

旧政権のもとでは、官僚主導により、慣例を踏まえ、予算の編成が各業界からの要望を踏まえ、積み上げて、行なわれてきたと思われる。が、新政権では国家戦略室の下、マニュフェストを基準に、それも横断的な面も含めて、事業仕分け（評価）・査定が行なわれて後、財務省に概算要求がなされる。

予算案の提出を受けた内閣では財政法等に基づき、財務大臣を中心に、国会に提出する予算案が作成されていくのである。政治主導を掲げての初の試みとなった。

予算案の作成は、大は国家から小は我々の身近な法人でも見られる。筆者も以前、何度も毎年、微なりとはいえ、法人の予算を作成したが、まずは、収入と支出が等しくなることを原点とした。

大げさに言えば、繰越金を含め、重点項目には配慮しながら前年度の予算を参考にしたものであった。要求額が多いところは削減、少ないところは必要に応じて増額、ともかく収入額の範囲に支出額を収めたわけであった。

国家予算ともなると、その業務量は膨大の一語に尽きる。今後、各省庁の官僚をも活用しつつ政治主導型の予算の編成が軌道に乗っていくものと思われる。

(6) 事業仕分け項目

第1WG（ワーキンググループ）

ここでは、予算額に大きな影響を与える「廃止」の評決となった事業仕分け項目を記載した。他の項目は、予算要求どおり以外では、見直し、縮減、自治体・民間の判断に任せる等となった。

① 第1WG・廃止の評決がなされた事業

総務省

テレコム関係事業費等：情報通信分野のベンチャー企業支援と高度ＩＣＴ人材育成支援事業

地域イントラネット基盤施設整備事業

選挙関係費：明るい選挙推進費

財務省

国際機関への任意拠出金：欧州復興開発銀行ATM・BASプログラム
財務省電子申請システム：仕分け対象となった事業は廃止。
内閣費
現場の出番創出モデル調査
農林水産省
農道整備事業
里山エリア再生交付金と田園整備事業
国土交通省
国土・景観形成事業推進調整費
広域ブロック自立・成長事業：広域地方計画先導事業・広域自立成長推進事業
バス運行対策費補助、バス利用等総合対策事業：二事業
都市・地域づくり推進費：三事業
不動産市場の環境整備等推進経費：持続的社会のためのエリアマネジメント経費・地域における土地の有効活用推進経費
建設市場整備推進費：入札契約適正化支援事業
モデル事業：次世代自動車導入加速モデル事業
環境省
温暖化防止国民運動推進事業（地球温暖化防止活動センター関係）：二事業
エコポイント等CO2削減のための環境行動促進モデル事業等：二事業

環境金融普及促進事業
民間企業等に対する導入等補助事業等：地方公共団体対策技術率先導入補助事業
クールシティ中枢街区パイロット事業
EST、モビリティ・マネジメント（MM）による環境にやさしい交通の推進

② 第2WG・廃止の評決がなされた事業

厚生労働省
健康増進対策費（地域健康づくり推進対策費）
若者自立塾
健康増進対策費（女性の健康支援対策事業委託費）
障害者保健福祉推進事業費（障害者自立支援調査研究プロジェクト）
若年者地域連携事業（ジュニアインターンシップ等の受入開拓事業含む）：二事業
グローバル人材育成支援事業／技能向上対策費補助事業、グローバル人材育成支援事業
職業能力習得支援制度実施事業／キャリア・コンサルティングによるメール相談事業
高齢者職業相談室運営費（ハローワーク等との二重行政等）
年金に関する広報等に必要な経費
外務省
（財）日本国際問題研究所補助金
経済産業省

モデル事業（安心ジャパン・プロジェクト）
石油・天然ガス等流通合理化：土壌汚染環境保全対策事業、経年埋没内管対策費補助事業
サービス産業生産性向上支援調査事業
新エネルギー導入促進のための補助（消費者向け）：高効率給湯器導入促進事業費補助金
大学支援関連施策（留学生を大切にすることはもちろんだが、本事業の政策目的が不明）
③　第3WG・廃止の評決がなされた事業
文部科学省
子供の読書活動の推進事業と子供ゆめ基金：基金の国庫への返納含む
英語教育改革
学校ICT活用
地域科学技術振興・産官学連携：知的クラスター創生事業、都市エリア産学官連携促進等・産学官連携戦略展開・地域イノベーション創出総合支援
（独）科学技術振興機構：理科支援員等配置事業
研究環境国際化の手法開発
農林水産省
農産物の流通・加工：未来を切り拓く六次産業創出事業のうち、仮設型直売システム普及支援（マルシェ・ジャポン・プロジェクト）

食品産業向け支援：食への信頼向上活動推進事業
輸出促進・食料輸入安定化：食料輸入安定化対策事業
農地の保全：国営造成施設等保全・更新円滑化対策事業・食料安全保障市民活動促進・支援事業
森林整備への支援
モデル事業：六事業
各種の農業経営体育成等：三事業
防衛省
国際平和協力センター
以上が仕分け第一弾であった。

(2) 事業仕分け第二弾

(1) 構成と評価者

平成二二年四月二三日から始まり、二六日～二八日の四日間に及んだ。後半部が五月二〇日から二五日までの四日間、東京卸売りセンターで行なわれた。

上記の期間、公開の場で、外部の視点を取り入れながら、国会議員と民間有識者からなる事業仕分け人が行政の透明度を高め、税金の無駄使い等をなくす目的のもとに動き出した。

司会は加藤秀樹行政刷新会議事務局長である。行政刷新大臣　枝野幸男、参議院議員　蓮舫

(2) ワーキンググループ（A、B）の構成と評価者

ワーキンググループA
田嶋要　衆議院議員
津川祥吾　衆議院議員
中島隆利　衆議院議員
蓮舫　参議院議員
民間有識者　一四名
ワーキンググループB
菊田真紀子　衆議院議員
寺田学　衆議院議員
尾立源幸　参議院議員
亀井亜紀子　参議院議員
民間有識者　一八～一四名
大臣政務官
泉健太　内閣府大臣政務官（行政刷新担当）

(3) 独立行政法人等の事業仕分け、制度改正へ

独立行政法人・政府系公益法人の無駄を省き、事業の統廃合や見直しでの制度改正が目標である。省庁の権益や官僚ＯＢの天下りへの見直しも含まれる。事業仕分けは、傍聴の人も多く、テレビカメラを通して、インターネットを通して国民へも公開された。

四七独立行政法人が行なう一五一の事業が対象とされた。ワーキンググループの評価として、国会議員八人、民間有識者三二人が決められた。廃止、見直し、規模縮減、国費節減等が検討された。

結果、四二事業の廃止や一五事業の不要資産が国庫に返納となった。各省ごとの事業の主たる検討結果は以下のとおりとなった。

文部科学省の所管

費用対効果が見合っていないところでは、一事業が廃止とされ、それは宇宙航空研究開発機構（JAXA）の広報施設運営事業であった。逆に国立美術館と国立文化財機構の美術品・文化財収集の二事業はいずれも規模拡充とされた。また、理化学研究所の先端的融合研究の推進や科学技術振興機構の新技術創出研究は共に抜本的見直しの対象とされた。

国土交通省所管

国土交通省所管の鉄道建設・運輸施設整備支援機構の国鉄清算事業での、利益剰余金一・三兆円は国庫返納とした。航空大学校・教育訓練については国費節減が求められた。

農林水産省所管

廃止となったのは農林水産省所管の農業者大学校や農畜産業振興機構の情報収集提供の海外事務所。水産大学校・専攻科は他法人との統合検討とされた。仕分人からコスト意識が強調された。

厚生労働省所管

医薬基盤研究所の実用化研究支援への出資が廃止となった。逆に、厚生労働省の医薬品医療機器綜合機構の安全対策業務は規模拡充となった。
総務省所管
総務省所管の情報通信研究機構の情報通信ベンチャーへの出資は廃止となった。
財務省所管
財務省所管の日本万国博覧会記念機構は廃止し、「万博記念公園」は大阪府に任せる協議を促進することとした。
外務省所管
外務省所管の国際交流基金の日本語国際センターは規模縮減となった。
経済産業省所管
経済産業省所管の日本貿易振興機構の国際ビジネス支援は規模縮減となった。

(4) 公益法人等の事業仕分け

第二弾の後半部が五月二〇日から二五日までの四日間、東京卸売りセンターで行なわれた。対象候補は、公益法人と特別民間法人の八二事業所が対象であった。三一法人の三八事業が廃止とされた。

枝野幸男　行政刷新相は、行政刷新会議として、公営ギャンブル（競輪、競馬、競艇）共通の問題点につき方向性を出すと述べ、制度見直しが検討された。

具体的な仕分けは以下のとおりである。

① 総務省所管（一一法人）
・自治体衛星通信機構　公的個人認証サービスの見直し

・日本宝くじ協会　宝くじの普及宣伝・宝くじの売り上げをもとにした助成事業は廃止。なお、原口一博総務相は、宝くじは国民が大変楽しみにしているので、全力で改革に取り組み、継続の方針の旨、記者会見で表明された。売上金の四割が地方自治体の自主財源になっているという。
・自治総合センター、普及広報・全国市町村振興協会、助成廃止
・地域活性化センター、助成等支援廃止
・地域総合整備財団、ふるさと融資廃止
・日本消防設備安全センターの講習事業の講習料引き下げ等の見直し
・日本消防検定協会の鑑定業務は廃止
・日本防火協会の新住宅防火対策は自治体・民間が実施

②　外務省所管（三法人）
・日本国際協力センターの研修監理は実施機関を競争的に決定
・国際協力推進協会の国際協力プラザ事業及び国際開発高等教育機構の政府開発援助経済開発計画実施設計等委託費は廃止

③　環境省所管（二法人）
・日本環境協会の環境カウンセラー事業運営は実施機関を競争的に決定
・(社）日本の水をきれいにする会の健全な水環境保全のための魚類繁殖場調査等は廃止

④　厚生労働省所管（九法人）

・労災保険情報センターの労災診療費審査体制充実強化対策事業と雇用興協会の雇用促進住宅管理運営などは共に実施機関を競争的に決定
・理容師美容師試験研修センターの指定講習事業は廃止と決定
・(財)全国生活衛生営業指導センターのクリーニング師研修も廃止
・生活衛生振興助成費等補助金の廃止
・日本ＩＬＯ協会の国際技能開発計画実施作業と女性労働協会の女性と仕事総合支援事業は共に廃止に決定

⑤ 文部科学省所管（一法人）
・民間放送教育協会

⑥ 警察庁（一法人）
・全日本交通安全協会（運転免許更新時教本独占販売）――入札の競争性を高め、事業規模を縮小すべきことを要求

⑦ 法務省所管（二法人）
・日本語教育振興協会の日本語教育機関の審査・証明は廃止
・司法協会の裁判記録の謄写費用の支出及び矯正協会の刑務作業協力は共に見直しと決定

⑧ 防衛省所管（一法人）
・防衛施設周辺整備協会

⑨ 財務省所管（一法人）

・塩事業センターの生活塩の供給事業については、備蓄量を見直すと共に、正味財産（約六〇〇億円）の一部を国に返還するように要求

⑩経済産業省所管（一〇法人）――

・（財）省エネルギーセンターの省エネ関係表彰は廃止

・JKA（競輪振興）の補助事業（競輪）と交付金還付（競輪）は廃止

・日本原子力文化振興財団：雑誌広告事業、核燃料サイクル施設見学会廃止

・電気工事技術講習センター他

⑪国土交通省所管（二七法人、全体の三分の一以上）

・日本建設情報総合センターの電子入札システムの運営で、実施主体を競争的に決定化

・（財）浄化槽設備士センター、資格の試験講習は年度内に実施主体の見直し

・空港環境整備協会の空港の駐車場の管理運営は廃止し、資産を国へ返還

・航空交通管制協会

・建設業技術者センター・全国建設研修センターの監理技術者資格者証の交付、監理技術者講習の義務付けの廃止

・河川環境管理財団の水辺共生体験館の管理運営・海外運輸協力協会の政府開発援助経済協力費補助は廃止

・リバーフロント整備センターやダム水源地環境整備センターの河川水辺の国勢調査では実施主体を競争的に決定して規模縮減へ

・全日本トラック協会の都道府県トラック協会からの出捐金による事業の見直しと道路保全技術センターの路面下空洞調査の実施機関を競争的に決定へ
・全国の建設協会・弘済会計八法人・港湾空港建設技術サービスセンターの道路、河川、ダムの発注者支援業務等は実施機関を競争的に決定する。年度内に不要資産の国庫移管が決定

⑫　農林水産省所管（五法人）
・農村環境整備センターの田んぼの生き物調査及び全国農林統計協会連合会は共に廃止
・日本森林林業振興会の収穫調査、素材検地業務、日本森林技術協会、林道安全協会の国有林林道交通安全管理は実施機関を競争的に決定

＊内閣府
・全国交通安全母の会連合会の交通安全啓蒙全国キャラバン隊派遣と、子供と親、高齢者交通安全意識啓発は共に廃止

⑬　特別民間法人（四法人）
・自動車安全運転センター（警察庁、安全運転の研修）
・日本消防検定協会（総務省、消防機器の検定業務）
・中央労働災害防止協会（厚生労働省）、労働者の健康作り対策支援、安全衛生情報提供相談の廃止。労災防止情報提供の、あんぜんミュージアム＆シアターも廃止
・日本電気計器検定所（経済産業省）の電気計器の検定、検査業務は競争性を確保す

べく見直し、利益剰余金は国庫へ寄付

五月二五日、事業仕分け第二弾での後半戦が終了した。四日間の事業仕分けで、公益法人と特別民間法人の八二事業を議論して、三一法人の三八事業が廃止と判定された。

(5) 独立法人通則法改正

独立行政法人の不要な財産を国庫に納付させる独立法人通則法改正案が五月二一日の参議院本会議で可決成立した。事業仕分けによる資産の国庫返納が求められていた。

今後、この仕分け（強制力は及ばず）を実現するための努力が求められる。

この事業仕分けこそ、鳩山連立内閣を大きく際立たせ、今までの政権が為しえなかった一大事業であったといえよう。鳩山由紀夫総理は、志半ばで、みずから退陣されたが、その努力は歴史法廷において高く評価されよう。

4　平成二二年度の予算案可決・経済の回復基調の兆し

(1) 平成二二年度の予算案可決と郵政改革法案

アメリカの象徴の如きGM＝ゼネラルモータースの経営破綻や、平成二〇年の秋はアメリカの証券会社リーマン・ブラザーズが経営破綻し、それらの経済の大津波は、日本を含めて世界中に打ち寄せた。

(1) 予算案可決成立

このような中で、予算の収入の柱となるべき税収も伸びず、特例法による国債の発行、事業仕分けによる無駄な歳出の削減等が行なわれた結果、平成二二年度の予算案が可決された。平成二二年三月二四日、参議院本会議で、税収の落ち込みの中、新国債四四兆円を発行して一般会計総額九二兆円を超える平成二二年度の予算案が可決され、ここに、鳩山連立内閣、初の命を守る予算が三党連立のもとに成立した。

無駄な個所の公共事業費を削減、抑制して、家計支援に重点を置き、国民生活の向上に予算配分を重くした。

(2) 郵政改革法案と閣僚の交代

郵政改革法案が、亀井静香・郵政改革大臣と原口一博・総務大臣から、その骨格が発表された。日本郵政グループの三社体制への再編と、政府の親会社への出資比率を三分の一超として、経営の自主性を尊重するというものである。ゆうちょ銀行の預け入れ限度額を一人あたり二〇〇〇万円に、かんぽ生命保険の保障限度額を二五〇〇万円に政令を改正して引き上げる予定。

郵政民営化をイエスかノーかで解散を断行し、絶対安定多数を得た小泉政権の郵政民営化路線からの転換であった。

なお、郵政グループの非正規社員から正社員への希望調査をもとに、一〇万人程度の正社員化方針の予定。約半数が非正規社員であり、平均年収は正規社員の三分の一と生じた雇用格差を縮小したい考えである。むろん、正規社員化により人件費の負担は増える。

平成二二年五月二八日、郵政改革法案が衆議院の総務委員会で可決された。

平成二二年五月三一日、郵政改革法案が衆議院本会議で、政権離脱した社民党も賛成して与党の賛成多数で可決した。

鳩山連立内閣の退陣後、発足した新、菅内閣は、平成二二年六月一一日午後、菅直人総理の衆参院本会議での所信表明演説でスタートした。

同日、国民新党代表の亀井静香金融・郵政改革担当相が辞任され、鳩山連立内閣以来の連立他党の閣僚は姿を消したことになる。郵政改革法案が今国会、参議院を前に廃案となり、不成立となったのが、その理由といわれる。

ただし、参院選後も連立を維持して郵政改革法案は臨時国会で最優先課題とされた。亀井大臣の後任として、国民新党の自見庄三郎、金融・郵政改革担当大臣が誕生した。

(3) 消費や投資の刺激策

日本銀行の発表「二〇〇九年一〇～一二月期の資金循環統計（速報）」によれば、家計の金融資産残高は前年比三五兆円増の一四五六兆円となった。企業も三二兆円増加し、八一五兆円となった。このように家計、企業の金融資産残高の増加は、消費や投資を刺激し、資産効果が期待できるという。

二〇〇九年末の政府の金融負債は九九三兆円と二〇兆円の増加であった。政府は借金と支出を増やし、景気の二番底を避けようとしていると報道された。

(2) 景気持ち直しの方向

内閣府は二〇一〇年一～三月期のGDP（国内総生産）の一次速報値の発表で、実質GDPが前期比一・二%、年率換算では四・九%増と、四・四半期連続のプラス成長となり、景気が持ち直しの方向にあると発表した。厳しいながらも個人消費も伸びているようだ。

五月半ば、東京証券取引所に上場の二〇一〇年三月期決算発表（期末から四五日以内の発表）が新聞紙上に公告された。
・家電量販業界がエコポイント対象商品の薄型テレビや冷蔵庫の売上高を伸ばし業績回復の傾向にある。
・通信大手三社の三月期連結決算の営業利益は極めて好調となった。
・エコカー補助金の効果等で国内の新車販売台数も伸びた。

新興国での新車の購入も増加したという。世界的な景気刺激策の中で、企業努力、人件費等の削減が基本となっている。

（3）成長への可能性

日本郵政グループ（日本郵便・郵便局・ゆうちょ銀行・かんぽ生命）の二〇一〇年三月期決算で連結合計した経常利益が一兆七二億円、純利益が四五〇二億円となった。国債での運用が特徴的である。が、運用多様化の第一歩に、外国債購入増を図り、昨年三月末での外国債の残高よりは一年間で三倍に膨らんでいる。

(1) 高度成長時代（鳩山内閣〜池田・佐藤内閣）

日本は、昭和三〇〜四五年ころまでは、GNP（対前年国民総生産）平均一〇％以上の高い成長率を続けることができた。国内需要の拡大、大量生産、大量消費の時代が成長を支えた。

鳩山（一郎）内閣に始まり池田・佐藤内閣時代は、高度成長期といわれ、経済は伸びに伸びていた。東海道新幹線の開通、東京オリンピック開催に象徴されるようにである。が、それは国民のたゆまぬ努力の結果であったことはいうまでもない。

これを単純に見れば、太平洋戦争で破壊し尽くされた国土の復興・建設への需要や失われてしまった生活・文化復興への需要が国内にあり、いわば新興国相当への供給が追いつかないほどであったのではとも思われる。大企業の国際競争力も中小企業の支えがあればこそであった。なお、後になって判明するところの公害をも生み出していた。

(2) 需要・供給の地球内均衡

また、単純に車を例にとれば、国民の最大運転者数と、必要な車庫の個数（面積）と道路の延べ延長距離には、いずれも制限があり、購入台数も無制限というわけにはいかないだろう。ここに国内における内需の限界があり、産業は低成長路線にならざるをえない。国内に限れば、デザインを変化させるとか、エコカーの開発、自動衝突防止安全車開発等による他はない。これは、他の産業においても大同小異だろう。そこで、日本は海外に進出し、特に新興国に、その場を求めていく。

が、いずれは同様な現象に遭遇するかもしれない。地球の面積も体積も増えることはなく一定である。現在、限界のない産業、つまり、無限に近い空間を活用できるＩＴ産業、情報産業は、国民の人口、世界人口に応じて、まだ成長できる可能性を有する。

通常、企業、家計、財政（国）において、資金調達や資金の供給により、全体の経済は維持されて、かつ発展していくものとされる。資金の需要と供給で形成される一定の範囲、つまり、金融市場での資金の需給状態が金利、利率を決めている。商品の価格決定と同じ原理といえる。

金融の中心は日本銀行にある。国の経済を左右する金融について、国は、各種の規制や調整を講じている。

日本銀行は金融緩和政策としては、基準割引率及び基準貸付利率（公定歩合）を下げて貸し出したり、公開市場操作で資金を供給したりして市中金利を下げ、準備率操作でも支払い準備率を下げて、生産活動や消費を促進するなど、景気の好転を図ったりしている。基準割引率及び基準貸付利率の上下、通貨量の調整等により経済を安定させている。

成長の伸びは緩やかでも、総合的に、経済が安定軌道をたどれるならば良しとすべきではあるまいか。

（4） 水田農家への戸別所得補償と防衛政策

鳩山連立政権は、水田農家にたいしても、戸別所得補償を行なうこととなった。日本の食料自給率向上と農業の再生を目標とする。

封建時代ではあったが、「農は国の本なり」として幕藩体制を支えた。納税の主役は米であった。

食料自給は日本の防衛政策上も極めて重要な地位を占める。兵糧攻めといわれる兵法があるくらいである。

太平洋戦争中、餓死者は絶えることなく、特にビルマ戦線では一握りの米も底をつき、白骨化した兵士が道標となるほどであり、白骨街道と呼ばれたという。望郷の思いで倒れ伏した兵士の霊は、再び日本に帰りついているだろうか。秋に咲く彼岸の花とともに、ご冥福を祈るばかりである。

さて、農林水産省は、二〇二〇年、食料自給率五〇％と食と地域の再生を目指して、戸別所得補償モデル対策をスタートさせた。平成二二年六月三〇日までに加入申し込み書、交付金申請書等を最寄の農政事務所、市町村に提出する必要がある。日本全国の農地の半分は水田なので、戸別所得補償モデル対策（二つの事業をセット）により日本の農業を活性化しようというものである。

(1) 自給率向上事業

水田をめいっぱい活用して、余っている米の生産を抑えて、輸入に頼っている麦や大豆、米粉用米やえさ用の米等の生産の拡大を図っていく取り組みである。このような、食料自給率の向上に貢献する作物を生産する農家への助成である。例えば、米粉用の米の場合、一〇アールあたり、八万円が交付される。

(2) 米のモデル事業

主食用の米を生産している農家に対して一〇アールあたり、一万五〇〇〇円の助成が行なわれる。米の生産には苗代の他、肥料、農薬、農機具、人件費等の経費がかかる。標準的な農家の場合、米の販売価格から、これらの経費を差し引くと、慢性的な赤字となる。この事業では、水田農家が安心して、農業を行なえるように、赤字の部分を補い、再生産を支援するというものである。

以上が、新政権の戸別所得補償制度である。日本の食料自給率を四一％から五〇％を目指し、水田を最大限活用するというものである。

赤松農水相の後任の山田正彦農林水産大臣は、七月一六日、米農家を対象にした個別所得補償制度の加入申請件数を約一三二万件と発表した。

⑶ 国営諫早湾干拓事業

世の中は矛盾に満ちたものである。国営諫早湾干拓事業について、四月一四、一五日に、赤松広隆農林水産大臣が現地を訪ねた。元はといえば、湾全体を閉め切り水田をつくるのがその計画であったのだが。長年の間、賛否が割れている開門調査の是非を見極めるためである。

干拓現場の営農者側は開門断固反対を掲げ、一方、漁業者側は、堤防の排水門を開き調査を求めた。長崎県諫早湾の干潟三〇〇〇ヘクタールの価値が、その利用方法により、農作物生産か漁業資源獲得かの両サイドに生活住民を分離してしまったのである。

仮に、農林大臣と水産大臣が別人制ならば、大臣同士の対立にも発展しかねないが、幸い、現状は農林水産大臣の所管である。国にとっては、農業も水産業も共に重要産業であることには変わりがない。大臣にとっては苦渋の決断といえよう。三方一両損のような裁きに落ち着くのだろうか。有明海の海苔や、二枚貝のタイラギは美味で、名にし負う名品である。

5　国の出先機関の仕分け

国の七省の所管にかかる一一の出先機関が、鳩山内閣の地域主権戦略会議の事務権限仕分けの対象となった。出先機関の原則廃止を掲げ、平成二二年五月下旬から自治体への権限移管を進める仕分け議論が推進される。

全国知事会もすでに自治体に移管すべき事務を独自に仕分けて、国の出先機関と自治体の仕事がダブル二重行政にならないように、六月には地域主権戦略大綱に盛り込まれる予定である。省庁側にとっては都道府県に委ねた場合、統一性の担保が課題になるとの意見が出た。

以下がその仕分けの対象予定である。

総合通信局、法務局、地方厚生局、都道府県労働局、地方農政局、森林管理局、漁業調整事務所、経済産業局、地方整備局、地方運輸局、地方環境事務所。

九――沖縄普天間基地危険の除去と沖縄の心を世界に伝えた王家のはと

＊日本の北と南に思いを馳せた宰相二代

1 後世特別のご高配をと決別電

戦争も末期、沖縄においては、陸海軍ともに、組織的戦闘を終え、県民も悲惨の極に達していた。

昭和二〇年六月六日夜、大田実海軍中将は、大本営に、沖縄県民の青壮年のすべても防衛に死力を尽くしたが、沖縄島は焦土と化し、食料もなく、悲惨の極にある旨を述べ、本来ならば、県知事から申すべきことではあるが、県にはすでに通信能力もないのでと沖縄行政府の役割も兼ねて、いわゆる「――沖縄県民かく戦へり　県民に対し後世特別のご高配を賜らんことを」と玉砕の決別電報を打電、一週間後、海軍豪にて自決された。

さらに一〇日後には、牛島満司令官も自決され、陸軍の主力も組織的な戦闘を終えた。戦争の圧力はすべての人を極限まで追い込んでしまっていたのである。終戦後も沖縄は一定の自治権を有する琉球政府として長く米国の施政権の下にあった。サンフランシスコ講和条約では、潜在的な日本の主権を認めるに止まっていたのである。
佐藤栄作総理により、核抜き本土並みで日本に返還されたのは昭和四七年五月のことであった。私たちが学生の頃までは、沖縄から入学の大学院生や研究生は「留学生」であった。

沖縄に立つ、ひめゆりの塔は、沖縄の願いと、とこしえの平和を願う乙女の祈りである。

2 沖縄県民の願い

（1） 沖縄県民大会

沖縄県民大会（同県、読谷村にて）が平成二二年四月二五日に開催され、米軍普天間飛行場を沖縄県内に移設することを反対する旨の決議がなされた。過去最大規模（約九万人、主催者側発表）となり、仲井真弘多県知事を含め県内四一市町村が総力を挙げて国外、県外への移設を希望・採択したのであった。仲井真県知事は特に二点を強調。

① 普天間飛行場の危険性の一日も早い除去

② 沖縄県民の過剰な基地負担の大幅削減

これを中心として、政府案をまとめられたいとの地元沖縄の鳩山政権に対する切実な懇願、要望となった。

（2） 負担軽減策の政府検討案

五月一〇日に至り、鳩山総理は、関係閣僚会議において、沖縄の負担軽減策として、「環境条項」を追加する旨の日米地位協定の見直しを米側に提起する方針を固めたと報道された。基地返還に伴う原状回復義務の履行を盛り込むということである。すなわち、土壌汚染等があれば、これらの除去等を義務付け、対等な契約にするというわけである。

国外、県外移設を強く主張する社民党党首の福島みずほ少子化相も、沖縄県民の負担軽減のため基地再編の見直しに合意した。鳩山総理は沖縄、移設先、米国、連立与党の合意の方向性を指し示して記者団に語ったとされる。その負担軽減策の政府検討案とは以下のようである。

(1) 嘉手納基地に飛来する米戦闘機等の訓練を全国の自衛隊や米軍基地に分散。

(2) 沖縄本島の東側域で、良好な漁場と重なる米軍の訓練区域の一部解除、返還。

(3) 鳥島と久米島の射爆撃場の返還。これは、五月四日、仲井真弘多沖縄県知事が総理との会談で要請されたのであるが、政権は負担軽減策の柱として、検討したが、代替地の確保が困難との立場から、これは無理と判断したもようだ。

(4) 米軍普天間飛行場（宜野湾市）の危険除去、沖縄の負担軽減のために、ヘリコプター部隊を県外の鹿児島県徳之島空港に一部移設したい等の考えが出されたが、徳之島の三町長は、平成二二年五月七日の首相官邸での会談では、いずれもこれを断わり、総理は厳しい局面に立たされた。

(5) 米国海兵隊の抑止力

米軍基地の問題は、日本の敗戦、沖縄返還以来の難問として残されていた。これには様々の考え方があり、米国海兵隊の抑止力が有意であるとの考え方に立つ側からは、不安定な北朝鮮の存在、中国・台湾海峡での有事の際に、米軍海兵隊の基地があれば、日本の安全にも役立つというわけである。米国からしても、基地の利用は大いに助かる。

しかし、沖縄の人にとれば、基地による経済的利益よりも危険・騒音、爆音には耐えられないということである。

(6) 東アジア共同体の平和の基礎

他方、抑止力を必要とした冷戦時代は過ぎたと考える側からは、米国を中心としながらも、中国を含む東アジア、朝鮮半島の平和、安全保障の構築にも努力していけば、日本の自衛隊の平衡抑止力と国際連合の存在で十分であるというものである。米国と同じ経済原理、市場経済をとる日本が日米安保を含め、総合的に友好であることは、東アジア諸国にも安心感を与える。

総理が、駐留無き安保を唱えられ、これを封印しつつも、基地の県外移設等に努力されていたことは、前記の双方の意向を少なくとも満足させようとしたものであったと思われる。

(7) 精一杯の努力を重ねた鳩山総理

国際情勢や相反する世論の激流の中、少しでも軽減をと五月末の背水の陣を敷いて懸命の努力を重ねる鳩山総理。七日には徳之島の三町長と総理が会談。

鹿児島県徳之島に普天間基地の訓練を含めた一部移転等をと、お願いに廻る平野博文官房長官。五月一二日、平野博文官房長官は、鹿児島県徳之島町の町議会五人と鹿児島市内のホテルで会談、基地負担への理解を求めたが、協力は難しいとの回答となった。

（3）断腸の思いで前進・共同声明案

(1) 共同声明案

報道によれば、平成二二年五月二八日にも日米最終調整で共同声明案を出す方針が固まったもようである。前記も含め四〇数ヵ所以上に及ぶ検討を重ねても、元の辺野古周辺に回帰せざるを得ない苦渋の選択であった。

① 米軍普天間飛行場（宜野湾市）の移転先は同県、名護市辺野古周辺
② 新たな環境影響評価（アセスメント）を必要としない施設
③ 在日沖縄海兵隊の訓練の一部を県外に移転。徳之島とは明記しない方向
④ 在日沖縄米軍の抑止力の重要性を確認
⑤ 沖縄県の負担軽減を明記。在日沖縄海兵隊約八六〇〇人のグアム移転を推進

(2) 日米と国内の調和と友愛で前進

さて、五月二一日の岡田克也外相とクリントン米国務長官との会談の報道では、実務者間の協議を続けていく方針とのことである。クリントン米国務長官は日米関係こそは地域の平和、安定、発展の礎と、日米関係の重要性を強調した後、総理との会談を経て、あわただしく上海に向かわれた。

首相は、沖縄を再訪問（五月二三日夕方のニュース）して、米軍普天間飛行場（宜野湾市）の移転先は同県、名護市「辺野古」沿岸となることを提示した。

日米の間でぎりぎりの交渉をして、断腸の思いで下した結論の旨を述べ、「県外だとしていたことに対し、県民の皆様に陳謝したい。今後も沖縄の負担軽減に努力して参りた

い」とありのままを報告。

社民党の福島みずほ党首（消費者・少子化担当相）は、五月二五日、沖縄県を訪問して、普天間飛行場の移設問題で、沖縄県庁で仲井真知事と会談し「国外・県外移設」の思いを伝えた。連立の一翼、国民新党代表の亀井静香大臣は、今までの総理の努力を評価した。

社民党の福島みずほ党首（消費者担当相）は、五月二六日、米軍普天間飛行場（宜野湾市）の移転先に地元の同意もない名護市「辺野古」周辺を前提とした日米共同声明に関しては閣議での署名を拒否する旨の姿勢を鮮明にした。

(3) 声明案

「断腸の思い」との総理の言葉が語るように、この問題は実に困難な難問であった。元来、総理は「駐留なき安保」の理想を封印しながらも、何とか、現実的に、沖縄県民の負担を軽減したいとの思いから、努力に努力を重ねた。が、相反する世論の渦巻き、国際情勢の不安定要因や日米安保・友愛の精神の上から、上記の声明案が出されることになったのである。

理想には届かなくとも、沖縄県民を含めた日本人には、現時点で精一杯努力した、その姿勢は通じているのではなかろうか。

様々な意見が出されたが、少なくとも、沖縄を含む平和、日本を含む平和、米国を含む平和を願っているという点では、すべて共通であり、一致しているのである。

慣性力をもって走る艦船は急には曲がりきれない。慣習等で続けてきた人間世界の在り方も然りである。

3　鳩山総理、米国オバマ大統領と電話会談・日米共同声明を発表

（1）平成二二年五月二八日、日米共同声明発表（趣旨）

(1) 日米安全保障協議委員会の構成閣僚は、日米同盟が日本の防衛とアジア太平洋地域の平和、安全及び繁栄に引き続き不可欠だと再確認した。
(2) 閣僚は沖縄を含む日本での米軍の存在が日本防衛、地域安定の維持に必要との抑止力の認識をした。
(3) 沖縄を含む地元への影響を軽減する決意を再確認し、日本での米軍の持続的なプレゼンスを確保していく。
(4) 普天間飛行場を移設し、日本に返還する共通の決意を表明、この発表で補完された再編の実地のための日米の行程表の再編案を着実に実施する決意を確認した。
(5) 昨年の在沖縄海兵隊のグアム移転に係る協定の定める海兵隊約八〇〇〇人とその家族約九〇〇〇人のグアム移転は、代替施設の完成、進展にかかっていると再確認した。
(6) グアム移転は嘉手納以南の施設の統合、返還を実現するものである。
(7) 日米両政府は、移設計画が安全性、運用上所要、騒音の影響、環境面、地元への影響等を適切に考慮したものとなるよう検証、確認の意図を有する。
(8) 一八〇〇メートルの滑走路を持つ代替施設をキャンプ・シュワブ辺野古崎地区及びこれに隣接する水域に設置する意図を確認した。
(9) 可能な限り、速やかな返還実現のため、代替施設の位置、配置、工法の検討他を八

月末まで完了させる。環境影響評価手続き及び建設を速やかに完了させる。
(10) 閣僚には、沖縄の人々の過重な負担、懸念に答えるため、具体的な措置を指示した。

鳩山総理は本日午前九時前から、機中の米国オバマ大統領と電話会談、その後、上記の日米共同声明が発表された。鳩山総理が五月末と背水の陣を敷いていた米軍普天間基地の移設先等に関する声明であった。

(2) 閣議開催と沖縄県民の痛み共有

閣議決定の前に、連立与党である社民党党首の福島大臣に共同声明の理解と閣議での署名を求めたとされる。福島みずほ大臣は以前から国外、県外移設を求めてきた党の経緯から到底受け入れられないとして、署名を拒否、これに対し、総理は、もはや無理と判断し、大臣を罷免せざるを得なかった。これは、異例のことであった。

共に、理想は一致していたと思われるが、内外にわたる問題の困難性を国民にも問いかけるものとなった。

近くでは、小泉総理（当時、二〇〇五年八月）が、郵政解散時、解散詔書の閣議決定文書に署名を拒否した、一言居士とも言われた島村農水相を罷免した例があった。

そして、内閣の意思を示す閣議が開催され、前記共同声明が決定されたのである。同大臣を罷免後、午後九時からの記者会見に首相官邸に現われた鳩山総理は、厳しい表情で約二〇分間、政府方針決定に至る経緯を説明。

そこでは、沖縄県民の負担軽減に向けて、四〇ヵ所以上の移転先を検討し、可能な限りの努力をした旨を述べられた。

国際情勢の不安定性等から、結局は名護市「辺野古」周辺に戻ってきたこと、沖縄県民に多くの期待を抱かせてきたことに、深く陳謝された。さらに、これは、負担軽減への第一歩であり、国民と共に、沖縄県民の痛みを分かち合おうと語られた。

その後、午後九時二〇分からは報道関係記者からの質問があった。外は、とっくに夜のとばりが下りていた。

(3) 高位の厳しさ

約八ヵ月間にわたり、鳩山連立内閣を支え、推進してきた一翼が離脱した。この後、社民党は政権与党からも離脱するのやむなきにいたる。

地元、沖縄県の仲井真知事には、共同声明に落胆の表情も垣間見られたが、県知事らしく、その語り口は物事を冷静、客観的に見てきた人の重みがニュースの中にも伝わってきた。

この問題は難問中の難問であり、さかのぼれば、日本の敗戦時にいたる。石橋湛山(元総理)の説く世界連邦(国際連合の進化した状態と忖度)が実現していたら、また別の解決方法もあり得ただろう。

なお、福島大臣が辞任せず、罷免となったことは、鳩山総理の今に至るまでの試行錯誤を代わりに引き受けた結果ともなり、一方、福島大臣からすれば、閣僚としても自らの思いを、党の信念を貫きとおしたものとなった。これらのことは、国民にとって一抹の救いとなったとはいえないだろうか。

友愛を掲げた鳩山総理の断腸の思いが、列島を翔け巡ったのである。全国民の、世界の総理としての道を歩まねばならなかった高位の厳しさが、にじんでいた。

4　鳩山連立内閣、鳩山総理辞任

平成二二年六月二日、鳩山総理が代表を務める民主党は、両院議員総会を開催し、この席で、鳩山総理・党首は辞任を表明し、また、民主党の小沢一郎幹事長も、同時に幹事長の職を辞任。共に劇的な辞任となった。

政権交代後、約八ヵ月の連立内閣であった。亀井大臣（国民新党代表）の政権支持の協力、激励もかなわず、福島大臣（社民党党首）を罷免後、すぐ後を追うような辞任となった。来月には参議院議員の改選議席の選挙が目前に迫っていた。

政府、与党高官に押し寄せる波は、高位になるほど強いしぶきとなった。

平成二二年六月八日　鳩山総理は夢半ばで、結果的に後事を菅直人副総理に託し、旧政権では為しえなかった、事業仕分け、無駄の削減、子供手当と命を大切にする三党連立による法律、政策等を可能な限り成し遂げ、その幕を自ら閉じたのであった。その期間は、細川護熙内閣に近いものであった。

一〇――排他的経済水域二〇〇海里

1　国家主権と経済的主権

（1）国土と沿岸から二〇〇海里

日本の国土面積は北から南までで、約三八万平方キロメートル（世界第六〇位）であるが、周囲を海で囲まれているので、自国の沿岸から二〇〇海里（三七〇・四キロメートル）の範囲の海の漁業水域や海底に眠る石油、ガス等に関する権利が、国連海洋法条約に基づき国の経済的主権として認められている。

領海を含み、この海の経済主権まで広げると、総面積、約四四七万平方キロメートルとなり、国土の一一・七倍を超え、世界第六位に入ってくる。なお、一海里は一八五二メートルである。海上保安庁がその警備等にあたる。もっとも、経済水域なので、外国船は自由に航行させなければならない。

人類史上最大の条約といわれる「海洋法に関する国際連合条約（国連海洋法条約）」では、

領海三カイリと公海自由の原則から一九七七年以降、「領海一二カイリと経済水域二〇〇カイリ」を世界の標準とした。

日本は「領海および接続水域に関する法律」で、一二カイリの領海の外側にさらに一二カイリの接続水域を設定し、特定目的（関税、衛生等の違反防止と処罰）につき沿岸国日本の法令を適用できる水域とした。接続水域は、国連海洋法条約で認められた水域である。力による威嚇《いかく》等ではなく、外国（船）との協調が求められる海域である。平和外交の中で近隣諸国共々、共存の道を模索しなければ、海が生きてこない。

なお、大陸棚（大陸の周縁の浅海底で、大陸地殻の周辺が海面下に没した部分）に対する沿岸国の権利の行使は、他の国の航行、上空飛行その他の権利及び自由を侵害してはならないと定める。また、すべての国は大陸棚に海底電線及び海底パイプラインを敷設する権利を有するとも定めている。

沿岸国は条約に基づき、国内法で資源への権利と共に、海洋汚染防止等の義務も果たさねばならない。そして、大陸棚に対する沿岸国の権利は、実効的なもしくは名目上の先占または明示の宣言に依存するものではないと定める。

（2） 国家の領域

国家の領域は領土、領海一二海里とそれらの上空、航空機の飛行する大気圏内（概ね上空一〇〇キロ）の領空と、二〇〇海里以内の排他的経済水域（経済的主権に限定、公海同様に自由航行）から構成される。なお、大気圏外（宇宙空間）になると、国家主権は及ばず、自由な国際的空間である。

なお、前記の「領海および接続水域に関する法律」の附則で、対馬・東西水道等の五国際海峡の主要航路の領海部分は三カイリのままに凍結し、海峡に公海部分を残した。核を領海内に持ち込ませず、仮に核搭載艦船がその公海を通過したとしても、国是である「非核三原則」には反しないことである。

「排他的経済水域（EEZ）および大陸棚に関する法律（平成八年法律第七四号）」では、日本の領海基線から二〇〇カイリを排他的経済水域（EEZ）とし、相対する外国があれば、当該国との合意線、もしくは中間線とした。

大陸棚も領海基線から二〇〇カイリとするが、さらに、二〇〇カイリ以遠に大陸棚外縁が延長されるときは、国連海洋法条約によるが、条約は二者択一的で、二つの基準が併記してある。外国との主張が異なる場合が出てくる。外交交渉が重視されるゆえんである。

(3)　珊瑚の島と排他的経済水域面積

海洋国家日本は、二〇〇海里の排他的経済水域面積まで加えると、日本はまことに小さき国とは言えない。が、戦前でさえ小国主義、小欲主義を唱えた、先人の知恵には学ぶべきところも多い。海は自然の防波堤でもあり、資源の海でもある。

日本の南端、「東京都、沖の鳥島：北緯二〇度二五分・東経一三六度〇三分」が存在するだけで、その排他的経済水域、二〇〇海里円内の面積（島を点と考え、半径三七〇・四キロメートルの円面積とした概算）は約四三万平方キロメートルあり、日本の国土面積の約三八万平方キロメートルを超えてしまうほどなのである。

海水面下に没して消失すると、一気にこれら、日本の広範な経済的な主権まで失うことになり、漁業資源や地下資源の開発等ができなくなってしまう。

これを、守ることは、専守防衛力を誇るイージス艦等の不得意な分野に属する。豊かな海の珊瑚こそがサンゴ群体・島を成長させ、国連海洋法条約を満たしてくれるはずだからである。

2 海は生命の母体

人間もはるかの海がふるさとといわれるが、海水の成分と人の血液の成分が類似しているのも、そのことを物語る一つといえよう。生命体は海で誕生したわけである。

人間を含む脊椎動物の進化を見るに古生代の甲冑魚、シーラカンスの魚類、中生代の恐竜、始祖鳥、そして新生代の哺乳類、人間と進化してきている。生物は生き残るために、様々に身を守るための工夫をしている。

これらを人間の軍備として捉えると、海の生物・魚類は軍艦・潜水艦に対応し、恐竜は戦車・装甲車、始祖鳥は戦闘機・ミサイル等に対応されよう。つまり、人間が生み出した海・陸・空の装備も生物の誕生の歴史を物語るものといえよう。関が原の戦い、西南戦争、大東亜戦争と日本人は、戦火をくぐらざるを得なかった。

見方を変えれば、人間同士の殺傷であった。

人間の進化の一つとして、過去の事実を受け止めざるを得まい。

三一〇万人以上の軍民の犠牲者の霊が毎年、終戦記念日に供養される。犠牲者を代弁するならば、「戦争の悪と苦しみはわれわれが、すべて引き受けた。この後は戦争はするな、あくまで対話の中で戦え。後の世の人々が平和の中で幸福に生きられることを願っていたことだけは、忘れないで欲しい。それだけで十分だ」と。

さて、ドイツの生物学者、哲学者、医師のエレンスト・ヘッケルは、いわゆる「個体発生は系統発生を繰り返す」との説を唱えた。つまり、人間の胎児が、母親の体内で育つ過程には、魚類から哺乳類までにいたる進化の段階が展開されるというものである。概ね、精神もまたこれに対応したものと推定できよう。魚類の単純性から恐竜の兇暴性、火を使い始めた原始人、そして、思いやりの心の発達した現代人という具合である。

一人の人間の中にも、なお、これらの痕跡があるのかもしれない。だれもが経験することと思われるが、赤ん坊・幼稚園のときの顔は父に似ていたが、大人になるとおじの顔に似て、年取れば祖父に似てきたりするというものである。性格も然りである。

二一 「友愛の海」東シナ海と報怨以徳

1　中国の温家宝首相と会談

ところで、鳩山首相は、辞任の直前、平成二二年五月三一日、日本を公式訪問中の中国の温家宝首相と会談し、東シナ海のガス田の共同開発につき、早急に条約締結交渉入りするとの合意があったと報道機関は伝えた。

流星も瞬《またた》く、東シナ海を「友愛の海」にしたい総理の意志が具体化されて、日中首脳間のホットライン開設でも合意され、東アジアの安定化に向けた前進であった。温家宝首相は、学生や市民と気軽に行動されるなど、日本人への信頼感がテレビに出ていた。

鳩山前首相は、この八月には三日間の中国訪問をされ、温家宝首相と環境問題等を会談、得意といわれる外交活動を積極的に展開した。菅総理を側面から支援した。東シナ海を含め、海水の移動でバランスをとっている地球にすれば、すべての海は平らかな平和の海でなければならない。

かつて、キューバ危機を乗り越えた第三五代アメリカ合衆国大統領ジョン・F・ケネディは、一九六一年その大統領就任演説の終わり近く、「国があなたに何をしてくれるかを問うのではなく、あなたが、国のために何ができるかを問うてほしい」との趣旨を国民に呼びかけたことは有名である。最後は、神の祝福の中、愛に満ちた地球への思いで結ばれている。

2 隣人との信頼

隣同士はお互いに信頼して助け合っていくのが人々の本来の姿である。そうなのであるが、境界をめぐって犬猿の仲というのも人間世界にはある。その証拠には、国内法、特に、民法の相隣関係は、これを細かく定めている。力の強いものの自力救済では、救済にならず、話し合いによる和解の道が最も望ましい解決策である。

なお、民法は、境界付近の争いを未然に防止するため、特に、二二三条(境界標)〜二三八条(境界線付近を掘るときの注意)まで、距離、慣習、費用負担、隣地への配慮等の処置法を定めている。さらに、建築基準法でも定めがある。争訟等になれば、舞台は裁判所に移り、国の力を要する。国際的には国際司法裁判所等がある。

境界に関する問題は、個人にしろ、法人にしろ、国家にしろ、所有権をめぐり起こるものであるが、人が知恵を出し合えば、解決可能であり、当然、平和的に解決されるべきものである。特に海と土地、領土というものは、地球を形成している要素である。人間が良く生きるために地球が提供した公共的な面をも有する。

3　東アジア共同体・友愛の国同士

民法は、国内法であり、国同士では異なるが、国際法上も、その精神をもってすれば、友愛の国同士になれよう。さすれば、艦船同士が境界ラインで握手することも可能であり、無駄な緊張は除かれよう。

日本にもゆかりの深かった故・周恩来首相と故・田中角栄首相の強い握手の光景が、時にテレビによみがえる。さらに古くは蔣介石総統の「暴に報ゆるに徳を以ってせよ＝報怨以徳」とのラジオでの宣言が敗戦時の日本軍民をよく帰国に導いたといわれる。

日中平和友好条約「福田内閣締結」の第一条は、両国間の恒久的な平和友好関係を発展させ、国際連合憲章の原則に基づきすべての紛争を武力、又はその威嚇《いかく》に訴えないで平和的手段によること（要旨）を確認している。

一二――シベリア抑留と北方領土

1 日本人将兵とシベリア抑留

(1) 炭鉱等での強制労働

以下は、太平洋戦争終結後(八月一五日、電波で世界に発信)、ソ連軍により、シベリアに連行された軍民七〇万以上の中、炭鉱等で強制労働を受けた、日本人将兵の話である。酷寒と飢餓と病気と重労働を体験して、無事三年余を経て日本に帰国できた日本人の一人(今九四歳)の体験であった。

当時の炭鉱作業では、囚人ともどもノルマのために過酷な労働を強いられたという。時に生き地獄であったとのことである。

ただ、零下二〇~三〇度にもなる酷寒というのは、気候のせいであり、直接ソ連軍人のせいだけではない。かの連戦連勝のナポレオンが、モスクワに遠征したとき、その酷寒の冬将軍に引き込まれたのも同様に気候の故である。

ている。

（2）人の道を守ったソ連軍人の話

このような中にも立派なソ連軍人がおり、武士道に近い待遇がなされたことも報告されている。

炭鉱には、ソ連側の所長と副所長がいたが、所長の過酷な取り扱いに、この副所長は、いつも憂慮していたとのことである。彼は、日本人将校二人が死亡したとき、餓死に等しい栄養失調で悲惨な死を遂げたことに対し深く哀悼の意を表し、丁寧に埋葬・供養したという。

彼、副所長（若い大尉）は、まもなく転任した。彼の報告かどうかは分からないが、悲惨な日本将兵の実態を把握するために、法務少佐が軍医と共に見えた。その日はパン三〇〇グラムの支給を受けた由。

軍医中尉（女医）の診断により、三八〇名が作業免除、直ちにガラトフの診療所での静養を命じられている。これを伝える本人も衰弱を認定され、他の将校四名と共に静養したと。

（3）ソ連側職人等からの日露戦争の話

その後、鍛冶工作場に行かされたが、そこの六〇過ぎの職人主から休息時間に語られた中に、昔、日露が戦争したとき、我々（ロシア）の同胞が、やはり、捕虜となり日本の収容所で労働を強いられた。戦争は悲惨で恐ろしい。我々、戦争は嫌いだと繰り返し話していたとのことである。

また、ソ連の将兵や監督たちによれば、これは、日露戦争のときの報復だと語ったとのことである。日本軍のシベリア出兵や松山の捕虜収容所での死者の怨念だとも。日本側の話では、国際法に則《のっと》り捕虜は丁重に遇したとのことだが、帰国のときになって自決された士官がいたという。遠い日の話ではあるが、あらためて、御冥福を祈るものである。怨みは怨みを呼ぶのは国家間でも同じなのだろうか。

2　ソ連との和平交渉

太平洋戦争の末期、戦争をしていない大国といえば、ソ連しかいなかったのである。鈴木貫太郎内閣は、本土決戦を避けるため、満身創痍となった日本ではあるが、一縷の望みを託して、ソ連に和平交渉の仲介を依頼することを決めた。

昭和一六年四月、第二次近衛内閣で、モスクワにおいて日ソ中立条約が結ばれていたのである。真珠湾攻撃の約八ヵ月前のことであった。

昭和二〇年六月、御前会議においてソ連への仲介交渉依頼が決定された。だめもとというのであろうか。無駄とは知りつつ、おぼれるものは藁をも摑むである。

逆にこの仲介依頼を全然試みもしなければ、また大きな悔いも残ったであろう。後の東京裁判でも、日本の内閣が和平に向かっていたことの証しとしてよい影響を与えたに違いない。

近衛文麿元総理を特使として、随員に細川護貞侯（細川護熙元総理の父）、海軍から高木惣吉少将、陸軍から松谷誠大佐（元陸相秘書官）他が控えていた。

近衛文麿元総理を特使として、ソ連に申し入れたのが七月一二日のことであった。高木少将が、天皇の「ご親書案」の下書きを作成していたことは、以前に朝日新聞にて報道されたとおりである。

天皇ご聖断により、ポツダム宣言条件付き受諾が決定したのが八月一〇日午前二時半である。この御前会議後、閣議を経て、外務省はスイス、スウェーデン両国を介して、米国、中国、英国、ソ連に宣言受諾の電報を五電発信している。

この頃、中立条約の不延長をしていたソ連は突如、仲介ではなく、これを破棄し、対日宣戦を通告（公式の通告は翌日一〇日の由）した。この時まで、日本は一門の砲弾もソ連には打ち込んでいなかったはずという。

八月一五日、玉音放送（詔書、前日閣議決定）により日本は正式にポツダム宣言を受け入れ、戦闘も停止され、武装解除に応じていった。このポツダム宣言受諾は、電波を通じて、連合国へも即届いたはずである。そのあて先には米国、英国、中国、ソ連が明示されていた。

阿南陸軍大臣は、「聖断（天皇のご決断）が下った以上、軍は一糸乱れぬ一致した行動を取ること、降伏に反対のものがあれば、この陸軍大臣を斬ってからやれ」と陸軍省内高級課員以上に訓示している。

当時の外務大臣は、一九四五年二月、中立条約の有効期間中に、クリミア半島のヤルタで第三国との密約を結び、戦争行為に出たソ連の態度に反省を求めた。

国際法とは異なるが、ローマ法大全にも源流を持つ日本の民法は、信義誠実の大原則を掲げる。世界第一の広大な領土に恵まれ、建築にしても、音楽等にしても、すばらしいと誰もが感嘆するほどの芸術の高さを誇るロシアである。

両国の友愛によって、すべてが解決され、日本とロシアの間に真の平和条約が締結されることを願ってやまない。

今日、欧州も含む国際宇宙船の住人には、現在、ロシア、アメリカ、日本等の宇宙飛行士が滞在でき、一蓮托生の運命にある。宇宙では、すでに平和条約が結ばれているともいえよう。

ところで、近衛文麿元総理は、終戦後、自決されたことは周知のことである。高木少将は東久邇宮内閣の副書記官長としてなお、終戦処理に尽力した。軍人の故もあり、あまり褒《ほ》められることもなかった。

が、鎌倉・東慶寺の井上禅定老師（当時）の伝えによれば、皇太子殿下ご夫妻（現、天皇皇后両陛下）と浩宮様（現、皇太子殿下）がご散策でお立ち寄りになった際、次のようなできごとがあった。井上師がお墓をご案内していると、高木惣吉少将のこともご存知の様子で、妃殿下、浩宮様をかえりみられて、黙礼されたとのことである。

3　ダレス機関とスイス武官緊急電報

なお、高木少将は、ソ連外交の前、スイス公使館付武官、藤村義朗海軍中佐からの、アレン・ダレス機関からの非公式会談申し入れの緊急電報を入手していた。

その中に、米国は対日戦が七月下旬までに終わらなければ、ソ連の参戦を認める。日本側に講和の意思があり、海軍大将級をスイスに派遣するなら飛行機の準備をする等であった。

ダレスは米大統領の在スイスの特命機関であったのだが、日本側指導者はこれに耳を貸さず謀略とみなしてしまった。高木少将は、痛恨の思いで、これを生涯の恨事とした。

4　北方領土について

(1) 大日本恵登呂府（エトロフ）の標柱

いわゆる、歯舞《ハボマイ》諸島・色丹《シコタン》島・国後《クナシリ》島・択捉《エトロフ》島の四島にまつわる第二次大戦終了以来の未解決の問題が存在する。

江戸時代の北方探検家に最上徳内なる地誌学者がいた。、和算家でもあり、幕府の蝦夷地政策に大きな影響を与えた人物であった。彼は、寛政一〇年（一七九八年）、近藤重蔵（幕臣・蝦夷地御用）と共に択捉島に上陸して、「大日本恵登呂府　寛政一〇年戊午七月」の標柱を打ち立て、この島が歴史的、法的に日本の領土であると先占し、宣言した。

(2) 日露和親条約

一八五四年（安政元年）に至りロシアのプチャーチンが来航、下田で日露和親条約を締結した。この条約で、下田、函館、長崎の三港を開港した。そして、国境についても約束した。すなわち、択捉島以南を日本領土に、ウルップ島以北をロシア領土と確定した。

樺太は両国人雑居の地として境界を定めないこととされた。アメリカ、イギリス、オランダとも同様の内容の和親条約が締結された。日本が鎖国政策から国際社会に転換、開港していった羽ばたきの舞台でもあった。

日露戦争後、一九〇五年九月五日、ルーズベルト米国大統領の仲介により、ポーツマス条約が締結された。日本全権小村寿太郎は、かろうじて、南樺太と付属の諸島を日本の領土として譲り受けた。賠償金が取れなかった講和条約に、増税に耐えて戦争を支えた国民が反対し、調印の日の国民大会は暴動化した。

なお、条約上の関税自主権の回復を達成したのも外相、小村寿太郎のときであった。

(3) サンフランシスコ平和条約と千島の帰属

第二次大戦終結後、一九五一年(昭和二六年)九月八日のサンフランシスコ平和条約(米英等中心の対日講和条約)では、千島列島と、ポーツマス条約で得た樺太及び近接諸島に対するすべての権利等を放棄する旨を規定した。

しかし、その帰属先の明示がなかった。すなわち、千島列島の範囲と、どこの国の島とするかが決まっていなかった。そのこともあり、ソ連はこの条約調印を拒否した。

(4) 鳩山(一郎)内閣と国際連合加盟

かかる中で、国連加盟のためにも、米国以外の国との外交をも重視した鳩山一郎内閣は、外交交渉への環境を整えていった。河野一郎農林大臣のモスクワ訪問等から道筋がつけられていった。

対ソ国交回復と国連加盟が、内閣の使命であるとの情熱を持った鳩山総理。結果、一九五六年(昭和三一年)一二月一二日、条約第二〇号により、日ソ国交回復共同宣言が出されたのである。

これにより日ソ間は戦争状態を終結、外交関係を回復した。これは、先の資本主義諸国との単独講和に追加、補完するものとなった。が、国境確定問題が残り、今日に至っている。

すなわち、この共同宣言に続き、日ソ平和条約を締結してから、ソ連は歯舞諸島と色丹島の二島を現実に返還することを明記したが、日本側は、先の対日講和条約で放棄した千島に、択捉、国後は含まれないとの立場である。歴史的にも、択捉、国後は安政元年の日露和親条約等でも日本固有の領土であるとの客観的な証明が存在している。

友愛を掲げ、悲願であった共同宣言を達成し、ソ連の賛成・支持の下、国際連合に全会一致での日本の加盟を見届けた鳩山内閣は、区切りとして総辞職した。

一三――行政書士の歴史的変遷とその業務内容

1　天皇皇后両陛下・三権の長ご臨席の式典

(1)　行政書士制度五〇周年記念式典

天皇皇后両陛下のご臨席の下、行政書士制度五〇周年記念式典が平成一三年二月二二日に東京国際フォーラムにて行なわれた。森喜朗内閣総理大臣、井上裕参議院議長、山口繁最高裁判所長官の三権の長がご臨席された。

この五〇周年を記念して郵便切手「行政書士制度五十周年記念　平成十三年」が発行されている。初刷切手が総務省から盛武会長に贈呈されている。

記念講演「二一世紀の日本の進路を語る」で、中曽根康弘元内閣総理大臣は「大東亜戦争の原因は明治憲法における統帥権の独立にあったことを指摘し、明治憲法は改正すべきであった」と述べ、統帥権条項を改正すれば、大東亜戦争は回避されたと講演した。

さらに、中曽根元総理は、「政治家は歴史法廷の被告」であり、功罪は歴史に委ねたと。

そして、日本の第一次開国を明治維新とし、占領時代を第二次開国と位置づけ、現在を第三次の開国の時代と区分した。

大日本帝国憲法（明治憲法）第一一条は、「天皇は陸海軍を統帥す」の一〇文字の簡単な条文であったが、実力機構を帯びるこの条文の重みは格別で、内閣の力の限界を超えていた。

昭和一〇年には、「元首である天皇は法人としての国家の最高機関である」と唱えた美濃部達吉博士説が、不敬の学説と攻撃された。そして、この天皇機関説問題で貴族院議員を辞任、著書も発禁となった。政府首脳も天皇機関説的な考え方に立っていたとされるのにである。

が、敗戦とともに、大日本帝国憲法は、その歴史的役割を終えた。

2　国民と行政の架け橋

鳩山内閣での総務大臣は原口一博内閣府特命担当大臣（地域主権推進）である。

行政法には、行政手続法、行政不服審査法、行政事件訴訟法、国家賠償法等がある。いずれも、行政救済法である。行政書士は現在、総務省の所管である。

(1)　前審としての行政不服審査法

⑴　裁判の前審的な役割

行政不服審査法は、昭和三七年に制定された行政不服申し立ての一般法である。

行政不服審査法は処分等の争訟が発生した場合につき、裁判の前審的な役割があり、行政機関により、迅速に争訟の解決を図ろうというものである。

行政庁の処分、不作為等に異議申し立て、審査請求、再審査請求を行ない、国民の権利・利益の救済を簡易迅速になすとともに行政の適正な運営を確保するのが目的である。先の第一七一国会で改正案が出されていたが、国会解散により廃案になっている。処分担当者と審理員を分離し、中立・公正な審理が可能なことも含め検討されている改正案と聞く。

(2) 審査庁の裁決または決定と却下、棄却

審理は、申立人からの取り下げか、審査庁の裁決または決定で終わるが、その内容は却下、棄却、私経済的作用で生じた損害賠償に分かれる。

却下は要件審理の段階で裁断される。不服申し立てが要件を満たさず、不適法だとして内容を審査する前に却下されるのである。

棄却は、内容を審理したが、申し立てを認める内容がない場合である。

(3) 審査庁の事情裁決（超法規的判断）

申し立ての言い分が正しくても、行政庁の処分を取り消せば、公の利益に著《いちじる》しい障害が発生する場合には、審査庁は裁決で、当該処分が違法又は不当の旨を宣言しながら棄却することになる。「事情裁決＝第四〇条第六項」である。

次に述べる行政事件訴訟法でも、特別の事情による請求の棄却である事情判決が法定されている。

なお、この場合も、当該判決の主文で、処分又は裁決が違法であることを宣言する必要がある。普通、裁判では、白黒は明白だと思われ、全員一致とも思われるのだが、以上のごとき事情判決もあり、最高裁でも多数決が取り入れられている。

(4) 認容

認容の場合は、審査庁は裁決で処分の全部または一部を取り消すこと等(第四〇条三項)になる。

なお、行政不服審査法は、不服申立ての手続きを教えて、国民に本法の制度活用を呼びかける「教示」が特徴的である。

ところで、行政書士会では、この行政不服審査法改正により、行政機関への不服申立て代理としての役割を期待している。

(2) 事前の救済を図る行政手続法

(1) 行政運営の透明性と事前の救済制度

さて、行政不服審査法に遅れること約三〇年、行政手続法が細川連立政権下、平成五年一一月に制定され、翌平成六年一〇月から施行されている。

行政手続法のみが、広義の事前の救済制度である。行政機関の行政運営が、公正に行なわれるとともに、透明性の向上を目指したものである。同時に、国民の権利・利益を保護したものである。

申請に際しての許認可等の審査基準の具体化原則や標準処理期間を定め、処分時期の見通しと必要な情報提供や、申請者以外の者の意見を聞く公聴会開催の努力義務を課している。許認可等の拒否処分をするときは、申請者に対し、その理由を示す義務を定める。

(2) **聴聞**

これらの行政処分の中で、行政庁が特定の者を名あて人として、直接に、義務を課し又は権利を制限するところの不利益処分をするときには、聴聞を開く必要がある。行政庁指名の職員が主宰して、原則、審理は非公開である。許認可を取り消したり、資格、地位を剥奪する等の場合である。処分基準の設定と公開の努力義務がある。聴聞の期日に出頭して、証拠書類等を提出、口頭による主張や立証を当事者等が行なう。（第二節）

(3) **弁明の機会**

第三節には、弁明の機会の付与の方式が定めてある。弁明は、行政庁が口頭ですることを認めた場合を除き、弁明書、証拠書類等の提出を通して行なわれる。

(4) **行政指導・届出**

「行政指導」の一般原則は、相手方の任意の協力で実現されると定め、指導内容等の明確化が図られている。

形式的要件に適合した「届出」は、法令による提出先の機関に到達した時に手続きの義務が履行されたものと定めている。

(5) **意見公募**

「意見公募手続き等」が行政機関に義務づけられている。

地方公共団体においても、行政運営の公正の確保と透明性の向上を目指して、行政手続法の趣旨にのっとり、行政手続条例が制定されているところがほとんどである。

（3） 行政書士法

上記、行政手続法に対応して、行政書士法第一条の三は、行政書士が官公署に提出する書類に関する許認可等に関し、行政手続法上の聴聞、弁明の機会の付与、その他意見陳述のための手続きにおいて、平穏に官公署に為す行為の代理を定めている。国民の権利、利益を予防的に保護するとともに、行政運営の透明性が客観化された装置ともいえよう。

行政書士法第二条の二には、弁護士会からの除名を受けた者は、処分を受けた日から三年を経過しなければ、行政書士となる資格をも有しない等々が定められている。明治五年の司法職務定制から約一四〇年、平成二三年二月には法制定から六〇年目を迎える。

また、権利義務に関する書類作成上の相談、契約その他に関する書類を代理人として作成すること等が、実地調査に基づく図面類とともに定めてある。憲法が定める営業の自由（憲法二二条一項）と共に、行政書士法の遵守が求められるところである。行政書士を司法、立法、行政に対応させるならば、行政を中心とした資格であると言えるが、なお、未完の段階にあると言えよう。

（4） 行政事件訴訟法

⑴ 事後における行政救済法

行政事件訴訟法は、旧訴願法、民事訴訟法の特例的な法から進化して、昭和三七年五月に制定された事後における行政救済法の一つである。一般法である。

違法な行政作用により侵害された権利・利益を事後に救済を求める訴訟手続きであり、司法審査である。平成一六年六月には改正され、翌年四月施行で、救済範囲の拡大、仮の権利救済制度の整備等が行なわれた。

(2) 訴訟の類型

訴訟の類型には、国民の個人的利益保護を目的とした主観訴訟としての、抗告訴訟（処分取り消し等）、当事者訴訟（公法上の法律関係に関する訴訟で、公務員の給与支払請求等）、及び客観的な法秩序の維持を目的とした客観訴訟としての、民衆訴訟（国民を公の行政監督者的地位に置いた、選挙無効訴訟等）、機関訴訟（国または公共団体間の権限紛争）がある。

(3) 抗告訴訟・処分の取り消しの訴え等

中心的なのは抗告訴訟の中の「処分の取り消しの訴え」にある。この場合、直ちに訴えを裁判所に提起するか、行政庁に不服申し立てをするかは、自由な選択に任されている。訴訟で争われている事実の存否については、一般的には国民の自由の制限と義務を課する行政行為の要件事実については適法処分との行政庁側の、逆に国民側に有利な要件事実については、処分の違法性と該当法令の明示とともに、国民側に各々「証明責任」が求められよう。

本案前の審理も重要視され、却下されないための要件には、行政庁の違法な処分の存在とともに、訴えの利益を有する者である原告適格の存在が必要である。原告適格は拡大され、行政事件訴訟法九条二項に法令の趣旨、目的等の解釈規定が設けてある。被告適格等を同法一一条一は、「処分の取り消しの訴え：当該処分をした行政庁の所属する国又は公共団体」と定めている。都、県、市などである。

行政庁の処分又は裁決を知ってから六ヵ月以内、処分の日から一年以内の提起が必要である。

「処分の取り消しの訴え」とは、行政庁の処分その他公権力の行使にあたる行為（裁決、決定等を除く）の取り消しを求める処分取消訴訟である。この取消訴訟の訴訟物は、処分の違法性一般である。

(4)　裁決の取り消しの訴え等

「裁決の取り消しの訴え」とは、行政庁の審査請求、異議申し立て他に対する裁決、決定等の取り消しを求める裁決取消訴訟である。

裁決取消訴訟ではその裁決の手続き上の違法、その他裁決固有の瑕疵《かし》しか主張できない訴訟である。

行政庁が、取消訴訟を提起しうる処分又は裁決をする場合は、それらの相手方に、取消訴訟の被告、出訴期間、不服申し立て前置等に関する事項を、原則として書面で教示する必要がある。

抗告訴訟には前記、取消訴訟のほかに、無効等確認訴訟（処分もしくは裁決の存否等の確認を求める）や不作為の違法確認訴訟（申請に対する相当期間内での処分、又は裁決をしないことへの違法の確認）、義務付け訴訟（行政庁に処分又は裁決を命ずる訴訟）、差し止め訴訟（行政庁に処分又は裁決をしてはならない旨の訴訟）がある。

(5)　執行不停止の原則

行政事件訴訟法には、「執行不停止の原則」がある。「処分の取り消しの訴え」の提起は、処分の効力、処分の執行又は手続きの続行を妨げないとある。が、処分の執行等による回復困難な損害を避けるため、緊急の必要があるときで、公共の福祉に重大な影響を及ぼす恐れがなければ、裁判所は、申し立てにより決定をもって例外的に執行を停止できる。

(6) 内閣総理大臣の異議

なお、これに関する執行停止申し立てがなされた時には、執行停止決定の前後を問わず、内閣総理大臣は裁判所に異議を述べることができる。この異議が出たら裁判所は執行停止をすることができない。この行政事件訴訟法二七条は違憲、合憲の両説が対立的にある。

(7) 司法権の限界

ところで、行政事件訴訟法には理論上の限界がある。法律上の争訟性があり、法の解釈、適用で解決ができるものであることが必要である。

行政庁の第一次判断権が尊重されるとともに、行政裁量が尊重される。司法審査の対象は行政庁が裁量権の範囲を超え、又はその濫用にあたる場合である。

統治行為に関する判断は、法律的な判断が可能であっても、司法裁判所は法律的な判断を自制する。通説、判例もこの立場である。三権分立からも行政を尊重するのである。例えば、政府と議会の基本的関係に関する行為であるとか、外交問題の処理にあたる行為等である。

(8) 処分取消訴訟の終局判決

判決の類型には、訴訟要件に欠ける「訴え却下の判決」がある。さらに、本案判決として原告の請求に理由がない「請求棄却判決」と、特別の事情による請求の棄却である「事情判決」と、原告の請求に理由があるとして処分を取り消す判決である「請求認容判決」

がある。

⑼　事情判決（超法規的判断）等

これら判決の中で、「事情判決」の制度は、法律に基づく行政の原理や裁判を受ける権利を、いわば失効させるのにも似て超法規的判断の類ともいえよう。すなわち、公益擁護の観点から、違法ではあるが、処分を取り消せば公益に著《いちじる》しい障害を生ずることは妥当ではないので、処分取消請求を棄却するものである。

この事情判決の際には、裁判所は判決の主文で、処分又は裁決が違法である旨を宣言する必要がある。

ところで、行政書士会は、出廷陳述権、ＡＤＲ代理権、家庭裁判所の訴訟代理権等の創設的な法改正を期待している。

なお、裁判外紛争、解決手続きであるＡＤＲ法に基づく「法務大臣の認証」を受けた行政書士会（単位会）は、東京会、京都会、愛知会、新潟会、和歌山会、岡山会、神奈川会と続いている。また、一般社団法人コスモス成年後見サポートセンターを設立している。

さらに、日本行政書士会連合会中央研修所は、行政書士講師陣をベースとしながらも、入会者にはリーガルカウンセリングや「要件事実・事実認定論概論」等の研修を、大学院各課程を修了した者等には、一橋大学大学院法学研究科、専修大学法学部教授、弁護士等の講師陣を迎え、「行政法特別研修」を実施している。

（５）　国家賠償法

行政事件訴訟法、行政不服審査法と、この国家賠償法が、事後の救済三法と呼ばれる。

国家賠償に関しては、当初の日本国憲法草案にはなかった。が、憲法一七条に「国家の損害賠償責任」が、刑事補償請求権に関する憲法四〇条とともに、衆議院での修正で定められた。国又は公共団体の行政運営上の違法行為で損害が出れば、その責任を国家が負うというものである。

旧憲法下では、国家は善なる行為者であり責任はないというのが通例であった。国家無答責である。同時に、公務員が委縮しないための効果もあった。

(1) 国家賠償法の制定

戦後は、この新憲法一七条に基づき国家賠償法が制定されている。

公務員個人の責任を国家が負担し、公務員個人の違法行為を保護して、公務の円滑なる運営を目指すものである。国又は公共団体が、公務員に代わって賠償するこの考え方は代位責任論といわれ支配的な説である。

他方、国に責任があるのだから、自ら責任を負うのだとする自己責任説がある。

国家賠償法第一条の賠償責任の要件は次のようである。

① 公権力の行使にあたる公務員の行為
② 職務を行なう中で、損害を加えたこと
③ 公務員に故意又は過失があること
④ 違法な加害行為であること
⑤ 加害行為による損害の発生

以上の要件がそろえば、国又は公共団体はその損害を金銭賠償の原則にて賠償する責任がある。直接の加害者である公務員個人は責任を負わないが、故意または重大な過失があった時は国又は公共団体は、其の公務員に求償権を有する。

(2) 営造物の設置又は管理の瑕疵

道路、河川等、公の営造物の設置又は管理に瑕疵《かし》があり、通常の安全性を欠いたがために他人に損害が生じたときは、賠償する責任がある。瑕疵の発生には過失を問わないと解されている。

(3) 私経済的作用で生じた損害賠償

国又は公共団体の損害賠償の責任については、国家賠償法四条により民法の規定も適用される。

国や公共団体が、私人と同じ立場に立つ私経済的作用で生じた損害賠償については、民法四四条（法人の不法行為責任）、第五章　不法行為の七〇九条（過失等、一般の不法行為責任）、七一五条（他人の使用者責任）、七一七条（土地工作物の占有者・所有者責任）等が適用される。

(6) 行政書士の沿革

＊司法職務定制

明治維新となり、政体書の官制でも、太政官を中心にしながら、形式上はアメリカ憲法を模倣して三権分立化（司法・立法・行政）を目指した。

明治五年八月三日発布の太政官無号達「司法職務定制」で、証書人、代書人、代言人職制が定められ、今日の公証人、司法・行政書士、弁護士等の源流となった。フランスの司法制度に由来する。司法卿・江藤新平の制定であった。前年には司法省が設置されていた。明治八年になると大審院が設置されて、裁判権は司法省（行政府）から大審院・裁判所の所轄するところとなった。同八年、太政官布告一〇三号により、裁判事務心得が出された。民事の裁判は成文法、習慣、条理を推考すべしというものであった。

明治五年の「司法職務定制」中の該当条文には、「各区　代書人を置き各人民の訴状を調整して其詞訟の遺漏無からしむ　但し代書人を用ふること用ひざるとは其本人の情願に任ず」（第四二条。原文は漢字とカタカナ混じり）とある。

＊代書人規則（大正九年一一月二五日、内務省令第四〇号。以下の原文で、カタカナは平仮名に書き換えた。内務省が廃止される昭和二二年一二月三一日までの効力）

第一条「本令に於いて代書人と称するは他の法令に依らずして他人の嘱託を受け官公署に提出すべき書類その他権利義務又は事実証明に関する書類の作製を業とする者を謂《い》う」

第二条「代書人たらむとする者は本籍、住所、氏名、年齢及履歴並事務所の位置を具し主たる事務所所在地　所轄警察官署の許可を受くべし」とあり、今日の行政書士法の原型を見ることができる。

＊行政書士法（昭和二六年二月二二日、法律第四号）

・弁護士会等からの陳情

弁護士は横滑りのまま行政書士に登録・入会できるようにとの特例措置が求められた。法律の専門家である弁護士が、当然には、行政書士業務ができない部分があると認識されていたからと思われる。司法試験に合格しても、司法修習生を経て、弁護士の登録をしていなければ、行政書士会に登録・入会できないものであった。

・行政書士独自の業務とは、行政機関が求める、事実証明としての実地調査に基づく図面類の作成等が考えられる。過去、三角法等（数学等）の試験問題も出題されていた。

また、行政機関独自の専門家が出てくることへの対処がなされたものともいえよう。

例えれば、国の統治行為にも関する、法務大臣（行政機関）への入国管理申請取り次ぎ業務は、平成一六年一二月以前までは、弁護士は行政書士会に登録、入会することで行なえた。

平成一六年一二月からは、出入国管理及び難民認定法施行規則の改正（第一九条）により、行政書士同様に、弁護士も申請取り次ぎが可能となった。

・行政書士の業務に「請願書」等の作成、手続きがあるが、憲法一六条は平穏に請願する権利を請願法ですべての人に認めている。天皇に対する請願書は内閣に提出する。旧帝国憲法第五〇条も両議院が請願書を受ける旨を定めていた。江戸時代、将軍や藩主に手続きなしに直接、訴状を提出することは、死刑等の極刑とされていた。

・国と国民の間に請願のパイプが法的な装置として存在するだけでも大きいといわなければならない。

＊昭和三五年改正

・都道府県の区域毎に、一箇の行政書士会の設立義務（任意から義務）

・全国を通じて一箇の行政書士会連合会の設立義務

・強制入会制度（業務活動の前提）
・行政書士会の会則変更は都道府県知事の認可が必要
・行政書士会連合会につき自治庁長官の勧告権（後、自治省となり、現、総務省）

＊昭和三九年改正
・実地調査に基づく図面類の業務を追加
・正当な業務に附随して行なう場合を削除（拡大解釈防止の観点から）
・公務員の資格取得期間の引き上げ

＊昭和四六年改正
・行政書士名簿の行政書士会による登録
・行政書士会及び行政書士会連合会の法人格の附与
・行政書士会連合会の名称を日本行政書士会連合会に変更
・出張所の規定削除と責務規定
・報酬の額は会則で定めること

＊昭和四三年一二月二日、社会保険労務士法施行（新国家資格の誕生）
・この際、継続六ヵ月以上行政書士会に入会し、かつ一年以内に免許申請すれば、社会保険労務士にもなれた。

＊昭和五五年改正
・提出手続代行業務と相談業務の新設。相談業務の新設については、弁護士会の理解を得るのに大変な苦労があった。

・罰則の強化
・社会保険労務士が行政書士から分離独立（昭和五五年八月三一日以降）
この分離の際、現に行政書士会に入会の行政書士は、社労業務が可能
全国社会保険労務士会連合会長と日本行政書士会連合会長との覚書
日本行政書士会連合会が「社労業務取扱証明書」を希望する当該会員に発行
＊昭和五六年〜五七年（第二、三次臨時行政調査会で二三資格制度の廃止等を答申）
・日本行政書士政治連盟の発足
＊昭和五八年改正
・国家試験に移行
・登録即入会へ
・都道府県規則から会則規定へ
＊昭和六〇年改正
・登録事務を日本行政書士会連合会へ移管
・自治大臣の援助規定
・報酬額の上限撤廃
＊昭和六一年改正
・会則の軽微な変更は認可不要。外国法事務弁護士制度
＊平成元年
・申請取次行政書士制度発足

＊平成九年
・目的規定の創設
・欠格事由の追加（破産者）
＊平成一一年
・地方分権一括法に伴う改正
・総務大臣の所管
・指定試験機関制度の導入
・受験資格の廃止（学歴等に無関係にだれでも受験可能となった）
・報酬規定の削除（各士業初）
・報酬に関する統計の公表
＊平成一二年
・（財）行政書士試験研究センター発足
＊平成一三年
・提出手続きの代理権追加
＊平成一四年
・提出手続等における情報技術の利用に関する法律の施行に伴う関係法律の整備
＊平成一五年
・司法書士においても、認定司法書士の簡易裁判所における訴訟代理が可能となった。
弁護士法七二条の改正があり、他の法律に別段の定めがある場合は除かれることとなった。

＊平成一六年

・行政書士事務所の法人化・研修の努力義務・罰則の整備等が行なわれた。

＊平成二〇年

・聴聞・弁明・その他意見陳述の代理権が附与された。

ＡＤＲセンターの法務大臣認証取得の行政書士会（認証紛争解決事業者）は前述のとおりである。社会貢献策としての紛争解決の内容は各会により特徴があるが、概ね次のようである。

① 外国人の職場環境、婚姻、離婚に関する紛争
② 自転車事故に関する紛争（損害賠償額が巨額化も。無灯火で猛スピード危険）
③ 愛護動物に関する紛争
④ 敷金精算、原状回復

一四——国民一般的な日常の危険の除去事例

*命を大切にする政治

1　火災事故防止

(1)　家庭等身近に見る消火器について

火災を早期のうち（天井面に立ち上がる前）に消す身近なものに粉末消火器がある。消火器は建物の各階ごとの廊下などに、各消火器に至る歩行距離が二〇メートル以下毎に配置されている。

福祉施設等では延べ面積が一五〇平方メートル以上が設置基準である。加圧式の粉末（ABC）消火器の内部にある加圧用ガス容器には炭酸ガスが蓄圧されている。消火剤の主成分はリン酸アンモニウム、重炭酸ナトリウムである。窒息、抑制効果により消火されるが、水のような浸透力が無いので再燃防止への努力も必要となる。一五秒前後で薬剤の放射は終わるので、この短時間内の勝負である。

安全栓を上方向に引き抜き、レバーを押すことで、加圧用ガス容器に穴が開き、そこから猛烈な勢いでガスが噴出され、これに乗って消火薬剤が放出される仕組みである。この放射噴出により消火するわけである。

家庭にあれば大火を防ぐこと間違いなしである。備えあれば憂いなしは、ここにも生きている。もっとも、安全のために、以下に記すように、錆付《さびつ》かせず、一定年数ごとに交換することが、是非必要である。

(2) 時の経過した消火器の危険性

消火器は初期消火に極めて有効なものである。が、文明は反面、危険な側面をも有している。

初期に消火すれば、大火を未然に防ぎ、人命を救えるのである。しかしながら、消火器を屋外で雨ざらしに何年も放置していたりすると、消火器の上部が錆びたり、底部が錆びたり、腐蝕したりで危険極まりない。なぜならば、消火器の中には、ガスを閉じ込めてある、こぶし大の「加圧用ガス容器」が中に配置してあるからである。

レバーを押し、このガス容器を破りガスを噴出させるわけであるが、腐蝕していれば、その圧力で錆びた金属片などが暴発し飛び散り、死に至る危険が存在する。消火器本体の耐用年数は八年とされているので、腐食していなくとも、このときは交換しておく必要がある。

消火器に関しては、もったいないという世間の常識を捨て置かねばならない。古い消火器は各市町村の災害対策担当に問い合わせるなどして、業者に引き取ってもらい、交換しておくことが重要である。

なお、消火器内部の薬剤も永久的に使用できるものではない。約五年ごとには詰めかえるのが標準である。なぜならば、長らく放置されているうちに中の薬剤が固まってしまい、いざ火災というときに消火剤が放出できず役に立たない場合があるからである。物を長く使うことは、美徳とされ、その通りであるが、消火器には当てはまらないと認識すべきである。

企業では、専門家の検査が義務付けられているが、各家では、自己責任の形である。高温多湿の場所には置かないのが賢明である。

なお、今日では、消火器底部に樹脂製を活用した、腐食防止が図られてきている。また、直接の危険というわけではないが、高層ビル・マンションに置かれものは、落下防止の措置は十分に行ない、下を通行する人に危害が及ばないようにモラルを徹底しておくことも大切である。文明の利器は人間が制御しなければならない。

ところで、危険といえば火そのものがもっとも危険ではないか。しかしながら、火なくして人の生活は成り立たなかった。火を通すことで、食物は、いっそう安全になり、味もよくなることは言うまでもなかろう。そして、火は暖かいのである。火は神とも崇《あが》められるが、人間の取り扱いかたひとつで、一切を焼き尽くす魔神とも恐れられる。その最たるものは、原子力の火であろうか。

(3) 住宅用防災警報機の設置義務

消防法（第九条の二第一項）と火災予防条例により、住宅にも防災警報を発する機器の取り付けが義務化された。

すなわち、新築住宅では、平成一八年六月一日から、住宅の関係者（所有者・管理者または占有者）は、その寝室、階段を中心に「住宅用防災警報器」を取り付けることとされたのである。火災の早期発見により高齢者の焼死等を未然に防ごうというわけである。

機器には光電式とイオン化式がある。電源は、電池からでも供給できるが、その場合は、適切に電池を交換するなどの維持が必要である。

日本消防検定協会、鑑定のNSマークがついたものを選び、購入すれば、自ら取り付けることも可能である。ただし、適正に作動させるため、換気口などの空気噴き出し口から一・五メートル以上離れた位置に設ける等の基準がある。

煙や熱を、すばやく検知して、住人に警報音等を発してくれるものである。既存住宅も平成二三年六月一日までには設置しておかねばならない。それまで、猶予期間があるわけである。

明日にでも取り付けておけば安心である。ただし、これには、罰則はない。が、火災を出した場合、よりその責任は問われるに違いない。努力義務にとどまるが、国民へ、設置を奨励している。これらに関する相談は、最寄の消防署でも受け付けてもらえるはずである。

(4) 自動火災報知設備の非常事態発生時の使用

学校、保育園、病院、老人福祉施設などでの、急迫不正の侵害があったとき、自動火災報知設備を使用したとしても、安全が最優先するとの判断が、東京消防庁（平成一三年六月二二日発）からも示されている。非常ベル・通報で犯罪防止にも役立てようというわけである。

2　電車の乗降の際の危険と踏切に注意

（1）ドアに指を挟まれ並走の女性と若い母親の話

もうだいぶ昔のことであるが、このようなことが起きないように注意のための参考にして欲しいと思う。

昼間、都内を走る列車の駅での乗降中、直前に飛び乗って見えた二人の高齢に近い男女がおり、男性は無事に乗ることができた。直後の女性は、電車が待ってくれると思われたのか、手の指だけをドアに差し出して身体はホームの上、指を挟まれたまま、同時にドアが閉まってしまった。夫婦か、知友かと思ったのであるが、そうではなかったらしい。

そして、電車が動き出した。電車は止まるだろうと見ていたが、その気配がなく、だんだんスピードが上がってきた。先に乗った男性は椅子に腰掛け、知ってか、知らずか無関心であった。他の乗客も同様であった。

たまたま、乗車し、それを見ていた私は、とっさに危険だと思い、非常停止ボタンを押す人もなく、そばの男性に大声で協力を求め、挟まれているドアを二人で引き離した。女性の手は離れ無事であった。

列車も停止した。その人が乗車した。車内は異様な沈黙に包まれ、放送もなく、しばらくして、電車は何事もなかったかのように再び動き出していた。駅のホームも直線ではなく、電車も気づかなかったらしい。

だいぶ前のことではあるが、乗客もドアの開閉装置は、指や手のひらは感知できない場合もありうることを注意しなければならない。駅での「駆け込みは危険」との呼びかけの放送に注意して欲しい。

また逆に、線路側から離れよとの駅のアナウンスがある。込んでいたせいと思われるが、こうもり傘の先の金属部分が挟まれ突き出たままの乗客もあったようだ。その動くこうもり傘の先端に接触すれば大変なことになる。スピードをもって走る電車からも離れておくべきはいうまでもない。離れておれば、混んでいて、おしりとお尻がぶつかり線路に落ちることもなかろう。

なお、新幹線の扉は一旦閉まると、人力では開けられないほど強力なものなので、さらに注意が必要である。緊急停止装置が備えられている。

ついでながら、新幹線の乗降についても、小さな子供を連れた親は特に注意が求められる。ホームは整えられてはいるが、列車とホームの間に、新幹線でも隙間がある場合がある。

ある若い母親が、赤ちゃんを手押し車に乗せて降りていった。後ろから五歳未満かと思われる坊やがついて歩いていた。たまたま、後ろにいた私は、この子は安全に隙間を越えて降りられるのかと足を見ていたら、案の定、わずかの隙間に足を踏み込んでしまった。とっさに私は、その子を抱きかかえ、ホームに安全に降ろした。若い母親は、それに気づいたか、どうか分からないが、赤ちゃんにのみ注意が集中していた。

なお、暑い日につば付きの帽子をかぶりながら、赤ちゃんを背負っていると、赤子の目を傷める危険がある。

(2) 踏切事故

これもだいぶ昔のことであるが、子供の踏切事故があり、報道で知った事例がある。それは、母親と子供(五歳未満程度か)が、電車の踏切を渡るときに起きていた。先に母親が踏切を渡っていたら、警報機が鳴り、遮断機が下りた。反対側にいた子供は母親に遅れたことが気になっていたようだ。母親は危険なので、そのまま、そちら側で待つようにとの思いで、手で、こちらに来ないように合図をしていたらしい。ところが、母親の合図を手招きと捉えた坊やは、遮断機をくぐり入っていった。そこに電車が入ってきた。この悲しい事故は、判断力が十分でない子の手は離さないで欲しいと語りかけている。しばらくは、そこに花が添えられ、人の涙を誘った。

(3) 駅・電車内の友愛

時々、結果的に駅や社内で暴行を働き、司法警察職員に引き渡され、逮捕されてしまう方がいるのは残念なことである。乗客は客なので、駅職員はサービスと安全配慮にたいへん苦労されていると思われる。責任の重い業務である。

傷害罪には至らなくとも、タバコの煙を故意に吹きかけたりしても暴行罪に問われることもある。逮捕されても、有罪の判決が確定するまでは、無罪の推定を受けるものなので、十分に人権は保障されるべきことである。

が、被疑者や被告人として、広報されると、人は社会的な生き物なので、その時点で、会社等はむろん、家族その学校等にも迷惑を及ぼすだけでなく、社会人として本人はむろんのこと、家族全体が困難な未来を抱えることもありうる。平凡に生きることが、どんなに有り難いことか、友愛の心があれば難しいことではあるまい。

一五——菅直人 後継内閣

鳩山連立内閣の後を受けて、副総理であった菅直人内閣が誕生した。第九四代・菅内閣が平成二二年六月四日に誕生した。最小不幸社会が持論である。

第二二回参議院議員選挙の公示日が六月二四日となり、投票が七月一一日に行なわれた。連立与党での過半数獲得はできなかった。与野党の話し合いが活発化されるだろう。

千葉景子法務大臣は、惜しくも議席を失ったが、憲法に照らし、大臣としては行政の継続性から留任、続行となった。蓮舫民主党議員（行政刷新相、東京選挙区）が、一七一万票を獲得、最高票を得た。事業仕分けの努力が好評の一つの原因と思われる。鳩山代表は、党代表を退いたのちも党の分裂を防止するため懸命の努力を尽くした。

消費税一〇％を明白にした自民党が改選議席第一党となった。なお、非改選と合わせた新勢力では民主党が比較第一党である。

第22回参議院議員選挙の結果（投票日　平成22年７月11日投票、12日午前開票終了、改選数121議席（選挙区73、比例区48の議席）

党派別の得票、当選人数について（万単位）					
	選挙区	当選人数	比例区	当選人数	新勢力
民主党	2276万票	28人	1845万票	16人	106人
自民党	1950万	39人	1407万	12人	84人
公明党	227万	3人	764万	6人	19人
共産党	426万	0人	356万	3人	6人
国民新党	17万	0人	100万	0人	3人
新党改革	63万	0人	117万	1人	2人
社民党	60万	0人	224万	2人	4人
たちあがれ日本	33万	0人	123万	1人	3人
みんなの党	598万	3人	794万	7人	11人
幸福実現党	29万	0人	23万		1人
創新党			49万		0人
女性党			41万		0人
諸派	32万	0人	91万		0人
無所属				3人	3人
合計	5840万票		5845万票		242人

党名	代表（党首）	
民主党	管直人	代表
自民党	谷垣禎一	総裁
公明党	山口那津男	代表
共産党	志位和夫	委員長
国民新党	亀井静香	代表
新党改革	舛添要一	代表
社民党	福島瑞穂	党首
たちあがれ日本	平沼赳夫	代表
みんなの党	渡辺喜美	代表
幸福実現党	石川悦男	党首
日本創新党	山田宏	党首
女性党	福井智代	代表
諸派		
無所属		

あとがき

鳩山連立内閣、菅内閣と、戦後世代の総理大臣が選ばれる時世を迎えている。総理大臣はさらに国会議員の中から選ばれている。

今、主権は国民にある。それゆえに、国民の責任は、これまた大きいと言わなければならない。内閣の方向性も、その政策も国民の意思の反映である。もっとも、国民の意思も多様化しており、政治に携わる方々の苦労も察するに余りある。国民が選挙し、その権力をゆだねた国会と内閣を静かに見守りたい。

さて、今日の文化を開花させたのは、その根底に微分・積分・級数等があり、科学技術に負うところ大である。自然現象、社会現象を良く示す関数もある。微分しても、積分しても変わらない不変なものもある。

これを三権に擬制すると、国会は詳細に議論を尽くし、接戦の結果一致点を見つけ出し（微分）、予算案、法律案を成立させることができる。

一方、内閣、行政府は、国会に連帯し、詳細に議論を尽くされた結果を総合的に積み上げ（積分）、法律、政策の執行体制をとる。さらに、司法は、真実を突き詰めていく役割を有している。限りなく真実をみつめ、判決を一点に収束させていくことは数列・極限を想起させる。

微分も積分も数列・級数も、仲間同士数学の世界ではあるが、相互に関係を有し、検証可能な面では司法、立法、行政の三権のありように近似する。法律的な面から、科学的な面からも三権を尊重したい。

ところで、個人として四国巡礼の旅に出向き、後に総理になった人に、池田勇人、菅直人現総理が知られる。己を探求された意思の強い人と思われる。

この四国巡礼八八ヵ寺を娘時代（二〇歳過ぎ）に成し遂げた人に詩人の高群逸枝がいた。日本の女性史の研究に生涯をささげた民間の学者であった。言論、出版の自由が統制されてゆく昭和一三年、「母系制の研究」の刊行に、哲学者の三木清は「日本の全女性のために建てる記念碑」と評した。あの情勢下で、出版ができたのは、言論界重鎮、徳富蘇峰の「予が同郷の才媛……」との序文があったからともいわれる。

高群逸枝は著書『火の国の女の日記』の中で、終戦の八月一五日を「……ああ寂しくもあり　尊くもあるかな　敗戦の年末よ」と記した。

戦争犠牲者への鎮魂の思いであり、再出発への思いでもあったろう。

女性に参政権が付与されたのは、終戦の年の暮であった。

ひるがえって、今日の厳しい国際情勢、経済、政治、環境等も、終戦の日の原点を踏まえ、国民が、政治がお互いのために努力するならば、かならずや良き友愛の未来が開けよう。

本書の完成に至るまで多くの方々のご指導と、多くの情報報道、先人の知恵に接することができたことに対し、厚く御礼申し上げるとともに、感謝の意を表する。

終わりにのぞみ、日本ペンクラブ会員でもある元就出版社の浜正史社長と編集部の御厚意に対し、重ねて感謝の意を表する。

あとがき

〔参考図書・文献等〕

「無の道を生きる—禅の辻説法」有馬頼底著　平成二一年四月　集英社刊
「力を抜いて生きる」有馬頼底著　平成二一年一一月　講談社刊
日本行政（号外）「行政書士制度50周年記念式典」日本行政書士会連合会　盛武隆・会長
朝日新聞　二〇一〇年七月一二日朝・夕刊
現代民法学の動向（福岡県行政書士会共催司法研修）九州大学大学院法学研究院教授・五十川直行
三田評論　二〇一〇年三月号　通巻一一三二号　慶応義塾刊
ニュース「国会中継」等　NHK等
世界の中の日本（二〇〇九）第五回　外交　軌跡と針路　教授・高橋和夫　放送大学
国語大辞典　編集　尚学図書　小学館発行
フリー百科事典「「ウィキペディア（Wikipedia）」」憲法草案要綱　鈴木安蔵
大辞典　desk　講談社刊
月刊　日本行政　一九八一・三〜四　No一〇〇、一〇一　日本行政書士会連合会　会長・佐藤義哉
フリー百科事典「「ウィキペディア（Wikipedia）」」内閣総理大臣　石橋湛山
アガスティアの葉　東邦大学医学部客員講師　理学・医学博士・青山圭秀　三五館刊
「BS日本　心の歌」FORESTA　製作・著作　BS日テレ
「詳説　日本史研究」前東京大学教授・笠原一男著　山川出版社刊
「詳説　日本史」石井進、五味文彦、笹山晴生、高埜利彦、他九名著　山川出版社刊
「ジパング江戸科学史散歩」金子務　河出書房新社刊
「自伝的日本海軍始末記・同　続編」高木惣吉　光人社刊
「海軍少将　高木惣吉」藤岡泰周　光人社刊
「積乱雲」渋谷敦　熊本日日新聞社刊
「集団的自衛権の法的性質とその発達」—国際法上の議論—　国立国会図書館調査及び立法考査局　外交防衛課　松葉真美　レファレンス　平成二一年一月号
「憲法学」大石眞放送大学・京大大学院教授　京都大学法学研究科　ACADEMIC NO. 148
「新選　世界史図表」第一学習社

「歴史読本　日本紋章総覧」昭和四九年一二月増刊号　新人物往来社刊

「民法から見た人の一生と戸籍」（神奈川県行政書士会研修）関東学院大学法科大学院教授・志村武

「海洋レジームの現状と日本の対応」山内康英・多摩大学教授

http://www.ni.tama.ac.jp/yama/000102.html

フリー百科事典「「ウィキペディア（Ｗｉｋｉｐｅｄｉａ）」」事業仕分け（行政刷新会議）

行政刷新会議ワーキングチーム「事業仕分け」内閣府・行政刷新会議会議事務局

友愛の色紙――内閣総理大臣　鳩山由紀夫　平成二二年一月二二日　日本行政書士会連合会・日本行政書士政治連盟　新年賀詞交歓会にて

グランド　プリンスホテル赤坂（千代田区紀尾井町）

朝日新聞（平成二二年七月二八日朝刊）裁判員の死刑判決　全員の合意まで熟考して　元、裁判官　熊本典道

「地獄のシベリア抑留記」井上三次郎　文芸社刊

朝日新聞　二〇一〇年一月二七日

「六法全書Ⅰ　Ⅱ」有斐閣　模範六法　三省堂

「出入国管理法令集」財団法人　入管協会　行政法の解説　宇佐見方宏　一橋出版

「近代消防」（平成一三年八月号、近代消防社）通巻四八三号

朝日新聞　二〇一〇年三月二四日（志村亮）

「火の国の女の日記（上下）」高群逸枝著　講談社文庫

「―論考―行政書士」（The field of Gyoseishoshi Lawyers）宮原賢一著　全国運輸関係行政書士web懇談会発行

【著者紹介】

高木　太（たかぎ・ふとし）

1946年、熊本県生まれ。熊本大学理学部卒。

九州大学大学院法学研究院（行政書士会と共催）、司法研修講座履修。社会現象等を心の面からも探求する。

軽費老人ホーム施設長等を経て社会福祉法人・評議員。

環境福祉学会会員。

日本行政書士会連合会登録、行政書士（総務大臣所管）、消防設備士（都知事免許）等
著書：『消防と救急の歴史に学ぶ「21世紀の幕開け」』『人生の定理』『人類福祉から見た地球と日本の未来』等。

政治主導と友愛の国

2011年4月29日　第1刷発行

著　者　高　木　　太
発行人　浜　　正　史
発行所　株式会社　元就《げんしゅう》出版社
〒171-0022 東京都豊島区南池袋4-20-9
サンロードビル2F-B
電話　03-3986-7736 FAX 03-3987-2580
振替　00120-3-31078
装　幀　純　谷　祥　一
印刷所　中央精版印刷株式会社
※乱丁本・落丁本はお取り替えいたします。

ISBN978-4-86106-200-1　C0031